BIBLIOTECA DE DERECHO TRIBUTARIO

Colección: Dr. Paulo de Barros Carvalho

Juan Carlos Panez Solórzano
(Director)

LUIGI VITTORIO BERLIRI

El impuesto justo

Edición al cuidado de
Carlos Antonio Agurto Gonzáles
Sonia Lidia Quequejana Mamani
Benigno Choque Cuenca

Ediciones Olejnik

Título: El impuesto justo.

Traducción de Fernando Vicente-Arche Domingo.

Primera Edición en Ediciones Olejnik: 2023.

Ediciones Olejnik
Huérfanos 611, Santiago-Chile
E-mail: contacto@edicionesolejnik.com
Web site: http://www.edicionesolejnik.com

ISBN: 978-956-407-384-2

Diseño de carátula: Ena Zuñiga

Diagramación: Hayden Méndez. hayden.mendezq@gmail.com

Impreso en Argentina 2023 Printed in Argentina

ÍNDICE

PRESENTACIÓN

Mi primera reacción ante el libro de Berliri sin duda condicionada por mi formación profesional de economista, fue de escepticismo. Existe el impuesto que minimiza los costes de eficiencia, el impuesto sencillo, el impuesto fácil de administrar, el impuesto flexible a las condiciones económicas del mercado, pero no el impuesto justo. Esta es la doctrina recibida de nuestros maestros y de nuestros libros.

Las exploraciones de los economistas en el terreno de la justicia, sin embargo, han sido, y esto debe reconocerse explícitamente, en alguna medida superficiales y hasta evasivas.

Superficiales, porque en la mayoría de los casos no han ido al fondo del problema, limitándose a enunciar principios de equidad desvinculados de la propia razón de ser del impuesto. Berliri expresa claramente esta idea. El principio de equidad vertical «quien tenga más, que pague más» queda incompleto si no aborda con rigor la cuestión de por qué *quien tiene más debe ser también, quien pague más. Pero adentrarse en esta cuestión lleva inevitablemente a las teorías del* benefició *y del* sacrificio *individual, y en estos confines el economista, por lo menos el economista actual, siempre se halla relativamente incómodo.*

Evasivas, porque no han querido enfrentarse de lleno a las dificultades ni sacar provecho del potencial que los principios de equidad) aun desprovistos de justificación ulterior, seguían todavía ofreciendo. Las meticulosas objeciones a la posibilidad de determinar con rigor la capacidad contributiva de un individuo, han acabado convirtiendo al principio de equidad vertical en algo estéril y carente de utilidad. En lo relativo al principio de equidad horizontal («quien tenga igual, que pague igual»), la resistencia de los economistas a hacer comparaciones interpersonales y a discernir qué características son o no relevantes para determinar si dos individuos están en una misma situación, ha llevado a un obvio vacío teórico en este campo y a la consecuente aparición de una práctica tributaria dispar e incluso contradictoria.

De lo anterior no debería inferirse que estas objeciones son triviales. Al contrario, algunas de ellas son tan sustanciales que han marcado definitivamente a toda una generación de profesionales de la economía. ¿Qué quiere decir que dos individuos son iguales? ¿Que tienen la misma renta o que tienen las mismas oportunidades económicas? ¿Debe pagar más impuestos quien más trabaja y gana o quién, independientemente de lo que gana y del esfuerzo que hace, tiene mayor capacidad intelectual y laboral? ¿Hasta qué punto son iguales dos individuos idénticos en todos los aspectos pero con preferencias distintas? ¿Cumple con el principio de equidad horizontal un tributo que no discrimina a nadie, pero que grava más a los bienes que yo prefiero que a los que prefiere mi vecino? Esta es una limitada muestra de las dificultades que han llevado a los economistas a abandonar la búsqueda del impuesto justo y que, no sorprendentemente, han condicionado mi primera impresión ante un libro como este.

Pero que los economistas hayan abandonado su búsqueda, no significa que el impuesto justo no exista o, desde otro punto de vista, que el principio de justicia no deba informar el diseño de un sistema tributario.. Este es, en mi opinión, el mensaje fundamental de Berliri y algo sobre cuya trascendencia, particularmente en tanto que ministro de Economía y Hacienda, soy perfectamente consciente. La definición del impuesto justo quizás sea imposible para el economista teórico, pero para quienes a diario deben tomar decisiones prácticas, la sensación de justicia, implícita o explícitamente, es el norte que de hecho acaba orientando hasta la más pequeña de sus múltiples acciones. Un sistema tributario solo puede funcionar si es aceptado por el público, y un sistema aceptado es un sistema que se percibe como justo. En palabras de Berliri:

> *«Es necesario (...) evitar el error de subvalorar, y por tanto olvidar, la influencia imponderable de la adhesión moral del contribuyente sobre el funcionamiento del mecanismo tributario (...).*
>
> *(...) las "sanciones" y las "penas" no pueden sustituir a la fuerza que imprime a la ley el convencimiento de su justicia por parte de quien debe cumplirla. Las sanciones solo cumplen su objetivo cuando sirven para sellar y convalidar en el ánimo de los ciudadanos la condena moral al violador de la Ley.»*

El concepto de justicia es pues fundamental y la falta de acuerdo sobre él no puede eximirnos de su aplicación. A falta de una teoría plenamente desarrollada y ampliamente aceptada de la justicia tributaria, deberemos como hombres prácticos conformarnos con nuestras sensaciones e intuiciones acerca de lo que es justo o injusto, porque rara será la ocasión en que podamos prescindir de tal valoración. Por ello es de agradecer la valiente empresa que Berliri emprendió con este ensayo. Podremos estar o no de acuerdo con las conclusiones que el autor deriva de su análisis, pero se ha de reconocer el valioso servicio prestado por este trabajo, volviendo a llamar la atención de los estudiosos sobre un elemento tan esencial de la Hacienda Pública. Frente a la valoración de si una determinada medida tributaria es justa o injusta, otras consideraciones, como las referentes a sus costes de eficiencia, a los que la profesión económica ha dedicado tanto esfuerzo y capacidad analítica, empequeñecen su importancia de forma sorprendente. Y esta no es una cuestión ideológica o de principios filosóficos; es una cuestión de practica diaria.

Berliri fundamenta su teoría de la justicia tributaria en el principio del interés, *en contraposición al* principio del beneficio. *Esta es una distinción sutil sobre la que el autor sustenta su delimitación de lo que es un impuesto justo y de cuyas implicaciones derivan los principios básicos de todo un sistema tributario. No todos los lectores estarán de acuerdo con las conclusiones obtenidas. La defensa de la proporcionalidad en los impuestos sobre la renta y el patrimonio, así como la de la progresividad en la imposición sobre el consumo, puede chocar con un cierto grado de desacuerdo, aunque también puede ser interpretada como un claro precedente de tendencias actuales, o incluso como una propuesta que anticipa en algunos años el impuesto kaldoriano sobre el gasto. Otros lectores encontrarán en estas páginas un refrescante recordatorio de la importancia que el gasto público puede tener como instrumento de redistribución. Esta función del gasto público está adquiriendo cada día mayor dimensión, y sin tenerla en cuenta es difícil evaluar con rigor cuál es el grado de progresividad de un sistema fiscal (ingresos más gastos públicos). Pero todas estas son cuestiones menores que no deberían ocultar lo que a mi parecer constituye el mayor mérito de esta aportación: volver a poner el énfasis en la búsqueda de la Justicia, como principio básico sobre el que sustentar un sistema tributario.*

Carlos Solchaga Catalán
Ministro de Economía y Hacienda

NOTA PREVIA A LA REIMPRESIÓN

Cuando se escriba con la necesaria objetividad la historia de Italia de la década 1940-1950, se comprobará que desde 1945 a 1950 hubo un granado círculo de personas comprometidas en realizar en los planos político, social y moral una obra de reconstrucción análoga a la que, en el plano económico, estaban llevando a cabo, con unidad de intención y esfuerzo hoy casi impensable, empresarios y trabajadores, volcados en reconstruir casas, ciudades y fábricas y a poner en pie industrias y corrientes de tráfico destruidas por la guerra. Entre estas personas —y digámoslo también, aunque el término ya no esté de moda—, entre estos idealistas, estaba mi hermano Luigi Vittorio, el cual, junto a Vanoni y Steve, a Stammati y Micheli, a Caffè y Angiolillo, a Parravicini y De Gregorio, entre otras personas de tendencias e inspiraciones profundamente diversas, colaboró bajo la presidencia de De María a redactar el Informe de la Comisión Económica presentado a la Asamblea constituyente.

A la vez que desempeñaba este trabajo, Vittorio, acabada la jornada dedicada a una intensa actividad profesional, pasaba las tardes escribiendo *La Giusta imposta.*

Recuerdo, con una precisión de detalles verdaderamente singular después de tanto tiempo, que, habiéndole preguntado sí este *surplus* de trabajo guardaba relación con alguna aspiración académica o política, obtuve una respuesta que me sorprendió profundamente: «Escribo este estudio —las palabras no son las mismas, pero el sentido sí— porque quisiera que a mi muerte no les quedase a mis hijos como recuerdo de su padre solo un amasijo de papeles timbrados, carentes del menor interés. Cuando pienso y cuando escribo *La Giusta imposta* me parece estar hablando con ellos, ya mayores, y espero que un día, leyéndola, podrán hacerse una idea más exacta de mi modo de pensar.»

Confieso que esta preocupación me pareció exagerada, pues al tener Vittorio cuarenta años y Claudio nueve pensaba que no le habría faltado tiempo para discurrir con el hijo y proporcionarle una idea de su personalidad más precisa y completa que la que el muchacho, hecho un hombre, habría podido hacerse leyendo un libro publicado alguna decena de años antes. Desgraciadamente el destino quiso que él tuviese razón y yo estuviera equivocado.

Por esto he considerado casi un deber, ahora que los hijos son mayores y no han tenido la posibilidad de un contacto directo con su padre, reimprimir el libro para hacerles llegar el mensaje que Vittorio había escrito precisamente con esa intención. Lo que no puedo hacer —y me duele— es transmitirles como yo lo he sentido, día a día, el empeño y diría el afecto con el que el libro fue pensado y escrito.

A este primera razón —para mí la más importante— de esta nueva edición de un libro escrito materialmente hace treinta años, pero pensado en un clima que ahora parece lejanísimo en el tiempo, se añade otra, menos personal y sentimental. Bastantes estudiosos, empezando por Micheli, me han preguntado varias veces si no estaba en mi ánimo reimprimir *La Giusta imposta,* imposible de encontrar y que tuvo escasa difusión por la limitada tirada de la colección en la que se publicó[1]. A su entender, dicho estudio contenía materia para útiles debates con los estudiantes, habida cuenta también de que un problema como el de la distribución justa de las cargas fiscales, por lo general estudiado por economistas, lo había afrontado Vittorio con mentalidad y métodos típicamente jurídicos.

La reciente reforma tributaria —que, en definitiva se ha enfrentado con el mismo problema y lo ha resuelto dando relieve únicamente a la capacidad contributiva y olvidando por completo la contribución a gastos en particular— quizá podrá servir para que la confrontación con las soluciones propuestas por Vittorio resulte más actual e interesante, ya que, como agudamente observa Einaudi en el prólogo: «suscitar dudas; generar problemas, provocar discusiones: he aquí el fin y el verdadero sentido de cualquier libro vivo,»

Antonio Berlín

---

1 Collana della Ricostruzione dell'annuario di diritto comparato e di studi legislativi, III serie (speciale), vol. XIX, fascicolo 3; edizione dell'istituto di Studi Legislativi, Una de las poquísimas, si no la única y ciertamente la más autorizada de las colecciones de estudios jurídicos que se publicaron en aquel venturoso año, que fue el de 1945.

Expreso mi profundo agradecimiento al abogado Orsello, Presidente del Istituto di Studi Legislativi, por haberse adherido de inmediato a mi solicitud de permitir la reimpresión de la obra.

NOTA DEL TRADUCTOR

Rindamos homenaje, ante todo, a la memoria de Luigi Vittorio Berlín al presentar la versión española de «La Giusta imposta». Al mío personal, como traductor de la obra, se une sin duda el de la Casa Editora, el Instituto de Estudios Fiscales, del Ministerio de Economía y Hacienda, que ha tenido especial empeño en ofrecer al público de habla española interesado en el fenómeno impositivo, una obra singular, mezcla de monografía y ensayo jurídico-financiero de alto nivel, que revela en su autor una formación y sensibilidad exquisitas en la materia hacendística. Y digo la materia hacendística, o la Hacienda pública, porque la obra, si bien quiere ser —y sin duda lo es— una demostración de cómo el Derecho, en pos de la Justicia, interviene en la determinación de la estructura del sistema impositivo, contiene también las suficientes y profundas pinceladas de economía, psicología, historia y política financieras que acreditan mi aserto.

A los cuarenta años de su publicación, cuando aparece esta edición española, no deja de extrañar la ausencia del pensamiento de L. V. Berlín en el seno de la doctrina jurídico-financiera, empezando, desde luego, por la italiana.

No sé hasta qué punto la fecha en que apareció «La Giusta imposta», la desgraciada y prematura muerte de su autor y la reducida difusión de la colección en que se publicó —a la que alude Antonio Berliri en su nota previa a la reimpresión de 1975—, pudieron influir en este hecho. Mas, en todo caso, me parece evidente que las directrices básicas de la doctrina jurídica dominante sobre el instituto del impuesto olvidaron por completo, o casi por completo, y hasta fechas recientes, la problemática jurídica fundamental —según pienso— que afronta y resuelve L. V. Berliri —con brillantez y hasta con genialidad a veces— en torno al concepto del impuesto en el Derecho financiero y a la estructura del sistema impositivo. Porque esta obra que el lector en español tiene en sus manos *explica*, en Derecho, lo que es el impuesto *y porqué, cuándo y cómo puede y debe entenderse justo.* Nada más y nada menos. Quizá se me tilde de exagerado por la rotundidad de la afirmación que antecede; adéntrese, por favor, el amable lector en las páginas de este bello libro y confío en que al final me dará la razón.

No cabe duda —al menos para mí— de que, jurídicamente, el tema del impuesto es cuestión de justicia distributiva —de distribución del gasto público— en su planteamiento de principio y de fondo. Y así se aborda y se trata en este libro. El «principio del interés», inspirador y cimiento del *reparto justo* del *gasto residual* del ente público es, creo yo, criterio válido que puede justificar la «contribución pública» y el impuesto, como cuota individual de la misma. Pero contra lo que, en su día, escribió el autor (nota 2, capítulo I) y su prologuista, el egregio maestro Eínaudi, yo entiendo que, en nuestros tiempos, el «principio del interés» y el de la capacidad económica para contribuir —como prefiero llamar al de la capacidad económica o capacidad contributiva— son una misma cosa. Las diatribas del autor contra el principio de la capacidad contributiva obedecen, creo, a una primera e insulsa formulación del dicho principio, en el orden jurídico, como mera y genérica fuerza o potencia económica, que por sí sola justificaría en justicia la contribución al sostenimiento del gasto público. Lo cual, desde luego, no tiene sentido. Cuando, en cambio, intervienen los llamados servicios públicos indivisibles, es decir, la parte sustancial del gasto público, en la formación del objeto imponible, esto es, de la capacidad, económica para contribuir, se comprende que «el interés en la existencia y funcionamiento del ente público», propiciado y económicamente materializado por las «funciones reproductiva, conservativa y de disfrute» de aquellos servicios públicos, unidas, como premisa indispensable; a la labor individual del sujeto en la creación de la materia imponible, coincida en esencia con lo que hoy debemos considerar —según entiendo— correcta interpretación del principio de justicia enunciado en la Constitución italiana como principio de capacidad contributiva y en la española como de capacidad económica.

Claro está que queda un largo camino por recorrer, pero yo no considero que sea este el lugar para emprenderlo. Quiero decir que el problema de la distribución justa del gasto público no se ciñe al impuesto. El autor se refiere a este, y en su tiempo, y yo no soy quien, aquí y ahora, para pretender enmendarle la plana, y tanto menos lo soy habida cuenta de su llorada y ya lejana ausencia. Yo sí debo recomendar la lectura detenida, deleitosa, de esta obra, ciertamente excepcional para quienes estén por la justicia en la Hacienda pública.

Termino con mis muestras de agradecimiento. Ante todo, a la amabilísima invitación del Instituto de Estudios Fiscales para traducir este libro y presentarlo al público de habla española. Y acto seguido, a la doctora doña Concepción Pérez de Ayala, profesora ayudante del. Departamento de Derecho financiero de mi Universidad y Facultad, que de forma tan gentil y eficacísima quiso proporcionarme una nítida versión mecanográfica de mi, sin duda alguna, enrevesado original español de la obra, por haber sido corregido hasta la saciedad.

Una última advertencia. El lector iniciado se sitúa en 1945 y, por tanto, interpreta sin dificultad alguna todas las referencias del autor al sistema tributario italiano a la sazón vigente —impuestos reales sobre la renta e impuesto complementario progresivo sobre la misma, impuestos específicos sobre el consumo, impuesto de registro, etc.—. Esta obra se publicó con anterioridad a la promulgación de la Constitución de la República italiana de 1947 —en cuya elaboración, por cierto, tanto trabajó L. V. Berlín. Por consiguiente, la mención del «Estatuto» se refiere al Estatuto del Rey Cario Alberto, normalmente conocido en Italia como Estatuto albertino, norma constitucional vigente hasta la promulgación de la Constitución republicana de 1947. Y para acabar, el dinero. Observarán los amables lectores los valores nominales y efectivos en liras italianas que el autor emplea en sus edificantes ejemplos, tanto en el texto como en las notas a pie de página. ¡Qué tiempos! recuerdo yo que, de niño, entre ocho y diez años, mi padre (q.e.p.d), al servicio del Ministerio de Hacienda como Inspector técnico de Timbré del Estado y destacado en comisión de servicio a Cuenca en los tristes años 1940, 1941 y 1942, desde su destino en Valencia, para llenar los entonces espantosos vacíos en la Administración financiera del Estado, nos llevó, a mis hermanos y a mí, a ver una película del inolvidable maestro Vittorio, de Sica; su título, imborrable para los amantes del arte, era este: «Mille lire al mese», por las que suspiraban los italianos de entonces.

Julio 1986
Universidad Complutense de Madrid
FERNANDO VICENTE-ARCHE DOMINGO

EL IMPUESTO JUSTO

PROLOGO

Como yo también escribí hace unos años un libro en búsqueda del impuesto «óptimo», no pensé, cuando el autor me concedió el privilegio de leer este libro en galeradas, que hubiese intentado nuevamente una de esas empresas que los amantes de la llamada, «práctica» suelen considerar doctrinarias. Es una necesidad del espíritu escudriñar el porqué de las instituciones políticas, jurídicas, sociales, económicas, en cuyo seno vivimos; y si preciso es reconocer que no existe un fundamento racional de muchas instituciones, sobre las cuales, todo lo más, se puede decir que están regidas por un antiguo mito, por una fórmula aceptada, por un encanto que, una vez roto, todo cruje, resulta difícil creer que en lo profundo del impuesto deba buscarse solo el encanto de las cosas que existen. Los hombres quieren instintivamente explicarse por qué pagan, y si la respuesta no surge con claridad claman contra la injusticia. La creencia en la monarquía o en la república, en una o dos cámaras, en un presidente elegido por el pueblo o por una asamblea o, como sucedió en algún tiempo y país, extraído a la suerte, es un acto de fe. Pero la creencia en el impuesto sobre la renta, sobre el patrimonio o sobre las herencias o los consumos no es un acto de fe. Puede ser un acto de fuerza o de prepotencia; pero el grupo político que resulta ser el culpable se esfuerza siempre por encontrar una justificación racional a su actuación, aunque derive solamente de la voluntad de hacer pagar a los grupos dominados los medios del propio sustento. Con frecuencia, y hoy no mas que en el pasado, esa actuación quiere ser deliberadamente racional.

La gran disputa que leemos en los libros de teoría tributaria se ciñe a esto: ¿cuál es el fundamento racional del impuesto? Puesto que el principio de la «capacidad contributiva» es una petición del principio («se debe pagar lo que se puede pagar»: ¿pero cómo se define el «poder» pagar?); puesto que el principio de la «contraprestación» o del «beneficio» es absurdo (el problema del impuesto se plantea precisamente porque los hombres ignoran la ventaja individual de los servicios «indivisibles», únicos por los que se exige el impuesto a los ciudadanos), el autor recurre al «principio del interés», inspirador de la antigua ley Rhodia de jactu, *según la cual, como Paulo recordaba: «cavetur ut si levandae navis gratia jactus mercium factus est* omnium contributione sarciatur quod pro omnibus datum est *(L. 1, Dig. XIV, 2), puesto que* placuit omnes, quorum interfuisset jacturam fieri conferre oportere *(L. 2, 2 ibid.)».*

Berliri distingue nítidamente entre el principio de la «contraprestación» o «beneficio» y el del «interés»:

- *El principio del beneficio supone que se conozca qué ventaja efectiva obtiene el contribuyente de los servicios públicos, o sea, supone que se conozca lo que precisamente no se conoce. Si se conociese la ventaja que Ticio y Cayo reciben de la defensa nacional, se podría repartir con facilidad entre ellos el coste de la misma. El impuesto aparece precisamente porque ese dato no puede conocerse debido a la indivisibilidad del servicio. En cambio, el «interés en la prestación del servicio de la defensa nacional» es algo que Ticio y Cayo sienten antes de que el servido se realice. No es irracional preguntarse: ¿qué pagaría yo para obtener el servicio de la defensa del territorio nacional? ¿Cuál es el valor de mi interés en la consecución de este servicio? La valoración puede ser ardua, con frecuencia falaz, pero no es absurda. Es imposible determinar si el ejército* ha proporcionado en realidad *a Licio, una ventaja de 1.000 liras y a Cayo de 10.000, porque no existe medio alguno para valorar la ventaja ocasionada. No es irracional preguntar a Ticio y a Cayo: ¿cuánto pagaríais para que os defendiesen del enemigo?*
- *Según la primera teoría (del beneficio) se debería valorar un hecho* después *de haberse realizado, mientras que la segunda (del interés) postula solamente que el individuo* prevea *y desee, o deba desear, la prestación futura de un servido y descuente sus ventajas. La distinción responde a la realidad. Se paga antes de la representación la entrada a un teatro porque se valora como equivalente al disfrute del espectáculo futuro; no se espera a pagarla después, cuando los juicios de los espectadores, y los de los críticos, son discordantes. Los precios, todos los precios y, por tanto, también el impuesto, son valoraciones de bienes no disfrutados todavía.*
- *El principio del «beneficio» apela a un juicio del particular sobre la ventaja que experimenta a causa de un servido público; pero el principio del «interés» sé funda sobre la valoración que realizan determinados órganos predispuestos al efecto (consejos, parlamentos, congresos) acerca de la necesidad de determinadas calidades y cantidades de servidos públicos que se presumen tienen ciertos grupos de individuos.*

La distinción entré los dos principios del beneficio y del interés está muy finamente elaborada en las páginas siguientes. Se desarrolla en sus aplicaciones a los distintos tipos de impuestos, en el examen atento de las relaciones entre categorías de servicios públicos y categorías de impuestos. Bastantes, por no decir casi todos los problemas que han preocupado a los cultivadores de la ciencia financiera, se vuelven a analizar desde nuevas perspectivas. El territorio a cuya entrada está escrito hic sunt leones *sigue siendo vasto e inexplorado; pero la fatiga del pionero no ha sido vana. Es probable que; la semilla no haya sido arrojada al viento, sino que, por el contrario, fructifiqué en discusiones profundas. ¿Qué más se puede augurar al escritor? Provocar disputas es la suprema ambición de quien escribe, no la de ver triunfar la propia tesis.*

No quiero anticipar los juicios de los críticos. Digo por el momento que las dificultades de aplicación del principio del interés no son decisivas. Si lo fueren, debería decirse que no es posible encontrar una solución a los problemas de distribución de los costes generales de una empresa, de los costes conjuntos de un bien, o, como observa Berliri, a los problemas de distribución de los servidos de vigilancia forestal o rural organizados por un consorcio de propietarios; a los de los gastos de publicidad o propaganda de un balneario creado por un consorcio de hosteleros, o de fabricantes de un producto industrial o a los mismos problemas de distribución de los gastos y daños que genera un buque en ruta.

Dado que, firme el principio, las soluciones empíricas pueden variar hasta el infinito, me asalta una duda. En una economía de mercado la formación del predo es automática. Justo o injusto, ese precio es un precio de equilibrio; Después el legislador dirá: «ese predo, si bien es de equilibrio, no me place, porque considero que los factores determinantes del precio de mercado son inicuos o antisociales, y por ello modifico dichos factores (por ejemplo, monopolistas) con el fin de conseguir que se fije otro predo». Este otro predo será también un precio de mercado, un predo de equilibrio.

¿Qué conexión existe en el terreno impositivo entre el impuesto «justo», obediente al principio del interés, y el impuesto «óptimo», el equivalente más aproximado en el campo tributario al precio de mercado? Parece que cualquier definición sobre el impuesto «óptimo» debe cumplir ciertos requisitos, entre los cuales, y en primerísimo lugar, figuraría, a mi entender, el de adaptarse a un sistema político, social, económico duradero, estable, no sujeto a frecuentes mutaciones violentas, a convulsiones de clases, sin vocación de decadencia o rigidez senil. ¿Satisface el principio del interés las exigencias del impuesto óptimo? ¿Coincide el sistema del impuesto «justo» con el sistema del impuesto «óptimo»? Si no es así, ¿cuáles son los nexos entre uno y otro? He aquí un ansioso interrogante que el libro de Berliri me ha suscitado. No será la única pregunta que suscitarán las páginas de Berliri Promover dudas, generar problemas, provocar discusiones: he aquí el fin y el verdadero sentido de cualquier libro vivo.

Luigi Einaudi

INTRODUCCIÓN

Este libro, ha nacido de una nueva meditación sobre las discusiones y propuestas que durante los «nueve meses» de Roma —tan tristes cuando los vivimos y sin embargo recordados ya casi con cariño—, constituyeron el tema de una serie de reuniones con algunos autorizados amigos, interesados todos ellos, de uno u otro modo, en la materia financiera[1].

En aquellas reuniones se discutía sobre cuestiones muy concretas y esencialmente técnicas: impuestos sobre el gasto y sobre incrementos de patrimonio, discriminación de las rentas por descomposición o por clasificación, control patrimonial de las liquidaciones, etc. De todo ello se discutía entre gente «del oficio», con la intención práctica de comparar las experiencias cotidianas en las respectivas actividades profesionales para obtener alguna indicación útil sobre la posibilidad de mejorar el funcionamiento y la eficacia del mecanismo tributario.

Y sin embargo, continuamente surgían temas que nos atormentaban, como decidir si era «justo» gravar el beneficio más o menos que el interés y el salario; si se podía, sin caer en la. «injusticia», gravar conjuntamente las rentas y los incrementos patrimoniales; si era más «justa», en el impuesto ordinario sobre el patrimonio y en el impuesto sobre el gasto, la alícuota proporcional o la progresiva. Estos interrogantes no obedecían a un místico impulso para hacer mejores a los hombres en el plano ético, elevándolos hacia la justicia perfecta, sino que nos los planteábamos porque la más firme y concorde de nuestras experiencias era precisamente la de que *solo un sistema de impuestos «justo» tiene suficientes probabilidades de alcanzar un grado satisfactorio de eficacia práctica.* Las razones de esta experiencia aflorarán con más cla-

1 El abogado Ferdinando Carbone, el juez Roberto de Carolis, el profesor Giovanni di Paolo, el abogado Filippo di Pasquale, el abogado Antonio Galamini, el profesor Salvatore Scoca, el profesor Sergio Steve y el profesor Ezio Vanoni. Con todos los cuales comparto, por ello, la paternidad de muchas de las ideas que serán expuestas aquí, aunque no la responsabilidad por la tentativa de discutir de las mismas públicamente. Sin que, bien entendido, dado el carácter y el desarrollo de aquellas amigables discusiones, ninguno de ellos pueda considerarse obligado a compartir o apoyar alguna o algunas determinadas propuestas y mucho menos los razonamientos utilizados en estos, apuntes para mantenerlas.

ridad —al menos este es el deseo del autor— a lo largo de las páginas que siguen.

Ahora interesa advertir en seguida que la «justicia» a la que nos referiremos en este libro no es la «justicia perfecta» de esos doctrinarios descubridores de fórmulas, tan lúcidamente diseccionados en el brillante libro de un auténtico maestro: esos «energúmenos» de la justicia «científica», que «se enamoran de un impuesto, lo complican, lo perfeccionan, lo tallan, lo cincelan y acaban por persuadirse de que la ciencia es esa cierta cosa que sirve para crear alhajas fragilísimas en vez de para simplificar instrumentos concretos de imposición» (Einaudi).

La justicia de la que se quiere hablar será, por el contrario, la justicia «común y corriente» del hombre de la calle, la que no se demuestra mediante el cálculo sublime, sino que por todos se entiende y se reconoce porque es capaz de satisfacer, no ya el postulado teórico de esta o de aquella corriente abstracta ético-filosófica, sino una *necesidad* real, apremiante y general que se halla en el corazón del hombre la necesidad de justicia, precisamente. Justicia simple y corriente que es, además, no solo la única posible en concreto, sino también la única conceptualmente admisible, según el convencimiento de quien esto escribe, y más allá de cuyos límites se desemboca, por exceso —*summum ius...*—, en el dominio de la injusticia.

Es un hecho que, precisamente ante la conciencia y la sensibilidad del hombre de la calle, el Derecho tributario se presenta como algo muy distinto de un mecanismo de justicia, todo lo simple y burda que se quiera: más bien aparece, en cambio, como una maraña cada vez más sofocante e inextricable de odiosas «imposiciones» que —todavía hoy vale el tajante diagnóstico de Bartolo— *necessario subimus lege vel mero imperio eius qui habet potestatem;* como no de otro modo se mostraba al *maledictus rusticus* del oscuro Medioevo. Y hoy como entonces la misma terminología fiscal, desde el «impuesto» a la «presión» fiscal, desde la «evasión» al «tenor de vida», desde la «carga» a la «exacción», refleja con perfecta actualidad esta viva sensación.

Y las cosas no pueden ser de otra manera, una vez que economistas y políticos comparten la idea de que su ciencia debe desinteresarse de la justicia o injusticia del impuesto, mientras que los juristas, por su parte, presentan como el último progreso de sus estudios el haber llegado a definir el impuesto como pura y abstracta «manifestación de la soberanía financiera del Estado». Y economistas, políticos y juristas concluyen *inter, se* o *ex catedra* que «el impuesto justo no existe».

Nada que oponer a los economistas cuando exactamente manifiestan que el objeto de sus estudios no ha de ser lo «justo», sino lo «verdadero», y que su misión no puede consistir en *valorar,* sino solo en investigar científicamente y atestiguar objetivamente los efectos económicos del fenómeno financiero, en descomponerlo y describirlo en sus relaciones internas de causas y efectos, en establecer sus leyes y uniformidades.

Nada que oponer, digo, a condición, sin embargo, de que no olviden que precisamente de aquel «verdadero», al que quieren mantener enganchados sus razonamientos, también forma parte inseparable este «dato de hecho» fundamental: que no solo de pan vive el hombre, sino también de aquel ignoto *quid* que sé llama «justicia». Hace siglos que nos preguntamos *qué* es Justicia y *por qué* es justo lo que sentimos como justo. Pero hay una cosa que sabemos bien por experiencia secular, y es que el hombre, animal político, siente y sufre de forma primordial, prepotente y real, la *necesidad de justicia,* al igual que él hambre, el miedo y el amor; esa misteriosa necesidad que algunas «situaciones» apagan y otras provocan y excitan hasta empujarlo, para aplacarla, a la revuelta y al delito.

Dad a un niño un chocolate y lo haréis reír de alegría; mas para hacerlo llorar bastará con dar simultáneamente dos a su hermano. Ese niño, que no entiende de códigos, ni de justicia distributiva, ni de acto normativo, gritará entre lágrimas que «no es justo» que él tenga una sola chocolate y su hermano dos: y el dolor de la injusticia, en definitiva, habrá superado y dominado al placer del obsequio.

Del mismo modo, el contribuyente a quien se aplique un impuesto de 100, antes de preguntarse si dicho impuesto es «bueno» o es «malo», si es «racional» o «improductivo», y quizás antes todavía de preguntarse cómo le convendrá actuar para satisfacerlo, considerará la situación relativa de los demás contribuyentes y se preguntará sí «es justo» que él deba pagar ese impuesto y que deba pagarlo en aquella cuantía, Y si lo encuentra injusto más allá de un cierto límite —no ya, se entiende, como inevitable reacción superficial de disgusto, sino en el fuero íntimo de su conciencia ético-jurídica—, el dolor de la injusticia podrá superar, y con mucho, al de la no satisfacción de las otras necesidades materiales que habría podido atender con el gasto absorbido por el impuesto. *Est miser nemo, nisi comparatus.*

Por tanto, el economista, y con él el legislador, deberán tener en cuenta está necesidad de justicia cuando se dispongan a aplicar los teoremas económicos para solucionar él llamado problema financiero. Más aún, fácil es percatarse de que la existencia de hecho de aquella necesidad condiciona bajo un *doble* aspecto el cálculo económico-financiero.

Bajo un primer aspecto, para valorar y comparar el «sacrificio» y la «utilidad» individual y colectiva de cualquier impuesto, no bastará con tener en cuenta solamente el «sacrificio» que para cada contribuyente supone la falta de satisfacción de necesidades privadas causada por el impuesto. Será necesario, también, sopesar el perjuicio que un impuesto sentido como «injusto» causa a quienes se consideran injustamente sacrificados y la sensación de malestar que produce en aquellos mismos que se sienten injustamente favorecidos.

Bajo un segundo aspecto, será necesario reconocer que la «utilidad» global de un determinado sistema financiero no solo se aprecia en *cantidad,* sino también en *calidad,* es decir, según que la utilidad individual resulte *repartida más o menos «justamente».*

De donde se desprende que el problema económico de la Hacienda pública no puede reducirse a conseguir *sic et simpliciter* la suma máxima de utilidad, sino que necesariamente debe orientarse a obtener la máxima utilidad a *igualdad de calidad,* o sea, a igualdad de justicia.

Bien entendido que con esto no se trata de imponer *a priori* al legislador la justicia «absoluta», como querría el doctrinario, y ni siquiera de implantar a cualquier precio y al 100 por 100 la justicia común y corriente del hombre de la calle. Se trata, no obstante, de elegir, habida cuenta de todas las circunstancias, la Hacienda más justa a igualdad de condiciones económicas y «políticas», o la más económica y «política» a igualdad de justicia. Se trata de decidir, cuando un poco más de justicia acaso se opusiera a un poco más de economía, hasta qué punto conviene sacrificar la una a la otra, o viceversa.

Pero de aquí surge la necesidad de plantearse, como paso previo a la configuración de cualquier mecanismo tributario concreto, el problema fundamental que en este libro se pretende enfocar más bien que resolver de manera, definitiva: el problema, precisamente, del «impuesto justo».

Dejando a los doctrinarios de la justicia «científica» la creencia de que cualquier mecanismo tributario debe ser implantado sin más, solamente por el hecho de ser justo, en aquellos amistosos debates —de los que estos «apuntes» representan de algún modo un precipitado— todos nos mostramos muy de acuerdo en reconocer que un mecanismo tributario debe ser, ante todo, un mecanismo *que funciona,* es decir, capaz de conseguir técnicamente, y del modo más económico posible, el necesario volumen de ingresos, conforme exactamente a los índices y criterios de imposición preestablecidos.

Para lo cual a todos nos parecía imprescindible:

1) Que los índices y criterios de imposición sean tales que pueda considerarlos «justos» la conciencia económico-social; sin cuyo requisito las fuerzas ético-sociales de fricción y de resistencia a la aplicación del tributo pronto llegan a ser tales que ningún mecanismo y ninguna fuerza de imperio resulta prácticamente capaz de superarlas. Y de esto ya hemos hablado.

2) Que el mecanismo de la liquidación y del control de la imposición resulte técnicamente adecuado para superar la también inevitable resistencia del egoísmo individual, creciente de manera progresiva —aunque conste la justicia del tributo— al aumentar la presión fiscal.

El mecanismo tributario que constituye el resultado de la empírica y abrumadora legislación financiera italiana, muestra a todas luces, en cambio, lo siguiente: de un lado, un contribuyente bien persuadido (y justamente persuadido, dado que antes que él lo está él propio legislador) de que la aplicación exacta de la ley impositiva constituiría una injusticia intolerable[2]; y de otro lado, una Administración financiera que, mientras a su vez comparte con el contribuyente el convencimiento de la injusticia del sistema cuya gestión le está confiada, carece además, en todo caso, de cualquier posibilidad seria de realizar eficazmente la aplicación efectiva del mismo.

---

2 Un ejemplo: comparando la situación de un empleado privado y la de un profesional cuyo trabajo se valore por igual, supongamos en 300.000 liras anuales, resulta que para el primero la deuda tributaria —prescindiendo de las tasa e impuestos indirectos así como de los tributos locales, comunes a ambos— supera en poco las 20.000 liras (6,70 por 100), mientras que la del segundo, a tenor de las disposiciones vigentes, supera tes 150.000 liras (50 por 100).

En efecto, el empleado privado cuyo trabajo se valore en 300.000 liras anuales, recibe de las mismas unas 100.000 en concepto de ayudas sociales, que constituirán para él una forma de ahorro y sobre las que no paga impuesto.

Sobre las restantes 200.000 liras debe pagar:

	Liras
El impuesto de riqueza mobiliaria, categoría C-2 (8 por 100)	15.050
El impuesto complementario (1,50 por 100)	2.520
Total	17.560
A lo que hay que añadir;	
El recargo E.C.A. (5 por 100 de la cuota)	878
Los derechos de recaudación (10,4 por 100)	1.756
Total	20.194

Faltaría computar el impuesto de categoría C-2 que a su debido tiempo será detraído de la cuota de ayudas sociales, en el momento de la prestación efectiva de las mismas. Pero, descontado en el momento en que se obtienen los ingresos, esa futura carga impositiva, puesta en relación con el largo aplazamiento del pago, se reduce a un importe prácticamente despreciable.

En cambio, el profesional cuyo trabajo se valore en 300.000 liras anuales (de las cuales, para estar en condiciones iguales a las del empleado privado, deberían considerarse renta no gastable al menos 100.000 liras), debe sobre ese total de 300.000 liras:

Hace tiempo que los resultados están a la vista de todos, y son: el pavoroso e intolerable volumen de la evasión[3] y el absurdo aumento de la presión fiscal, como vano intento de compensar la evasión; la yuxtaposición continua de nuevas cargas[4], que en definitiva se resuelve en gravar siempre, con distintos pretextos, las mismas zonas de riqueza controlables más fácilmente; la ausencia de cualquier criterio de coordinación entre los distintos impuestos, tasas y contribuciones especiales[5]; la arbitrariedad y la intolerable desigualdad de las liquidaciones; la compacta coalición de todos los contribuyentes contra el

---

	Liras
Impuesto de riqueza mobiliaria de categoría C-1 (16 por 100 sobre la cuantía de la renta que exceda de 6.000 liras)	47.040
Impuesto complementario progresivo (5,644 por 100)	16.650
Impuesto municipal sobre las profesiones (3,246 por 100) con el correspondiente recargo provincial (1,628 por 100)	14.329,50
Impuesto sobre los ingresos (4 por 100 sobre el doble de la renta liquidada)	23.520
Total	101.539,50
Recargo E.C.A. (5 por 100)	5.076,95
Derechos de recaudación (10,40 por 100)	10.560,05
Total	117.176,50

3 Según los resultados de cierre del ejercicio 1945-46, la suma de todas las rentas mobiliarias liquidadas a todas las industrias, los comercios, las profesiones, los empleos, las ejecuciones de obra y las inversiones financieras, quedaría sensiblemente por debajo del importe de los sueldos y remuneraciones pagados por el Estado, las Provincias y los Municipios, los cuales resultarían más de 20 veces superiores a la renta imponible de todos los edificios y más de 13 veces superiores a la renta agraria de todos los agricultores de Italia.

4 En las recientes encuestas de la Comisión económica formada en el Ministerio de la (Asamblea) Constituyente, han aparecido listas recaudatorias que contienen hasta 60, 80 y 90 voces distintas.

5 Resulta casi grotesca la comparación entre la finura científica de los cálculos de los que se hace alarde para determinar la alícuota de algún impuesto (a título de ejemplo, véase la fórmula establecida por el R. D. de 19 de febrero de 1925, núm. 177 para la alícuota del impuesto complementario; Y = 0,04186 x 0,39697) y la desenvoltura con la que, después, se confía simplemente a la «intuición» de los políticos la relación de coordinación entre la imposición directa e indirecta y la propia relación entre las alícuotas de los distintos impuestos directos.

fisco, en una situación sin el menor vestigio de «conciencia tributaria»; la multiplicación increíble de las controversias fiscales[6].

Como conclusión, queremos decir que el problema del «impuesto justo» ha de plantearse no en abstracto, sino en concreto, es decir, preguntándose *si es posible elaborar, y cómo, un mecanismo tributario que, de acuerdo con índices y criterios «justos», logre implantar una determinación y control eficientes de los objetos imponibles.* Y estas notas quisieran confirmar en el benévolo lector la impresión de que el problema puede —y, por tanto, debe— resolverse de manera satisfactoria.

6 Más de trescientas setenta mil reclamaciones en el año 1941-42, solo ante las Comisiones administrativas, además de las pendientes ante la autoridad judicial.

I

EL PROBLEMA DEL IMPUESTO «JUSTO»

1. Quien pretenda suscitar hoy el problema del impuesto justo ante un círculo de personas competentes, puede estar seguro de que más de una de ellas esbozará una sonrisa; y en gran medida se expone a que le clasifiquen entre los ingenuos y demagogos, si no ya entre «los energúmenos afectados de satiriasis tributaria», como hace poco definía un escritor nuestro muy autorizado «a quien no vive en paz si no logra que la justicia descienda sobre nuestra miserable tierra, afligida por tantos impuestos anticuados, gastados y desiguales» (Einaudi).

El hecho es que economistas y juristas, políticos y expertos —a excepción, quizá, de unos pocos y peligrosos «doctrinarios» seriamente convencidos de poseer la fórmula «científica» de la justicia verdadera y perfecta—, parecen hoy en gran medida acordes en reducir la construcción del ordenamiento tributario al ámbito de este programa: decida la razón política cuáles son las tendencias y los efectos económicos que más conviene adoptar, en función de las circunstancias, como directrices y objetivos de la imposición; enseñen la ciencia y la experiencia cuáles son los impuestos más idóneos para alcanzar aquellos objetivos; formule técnicamente el jurista los mandatos necesarios para establecer esos determinados impuestos.

En semejante programa no hay sitio para un problema de «justicia» tributaria. Y la casi *communis opinio* de los «competentes» se resume efectivamente en esta afirmación perentoria: «el impuesto justo no existe», que no es difícil oír repetida por autorizados economistas y agudos juristas, no ya como paradoja, sino más bien como axioma. De este modo se quiere expresar drásticamente el convencimiento, de qué la búsqueda del impuesto «justo» es una empresa a la vez imposible, inútil e irracional.

2. Esos tres adjetivos no se han utilizado por casualidad, sino que señalan las etapas sucesivas de un *cursus* lógico e histórico a la vez, del cual aquella afirmación representa de algún modo el punto de llegada.

Un punto de llegada que en verdad debería bastar por sí solo para demostrar la urgencia de mirar hacia atrás, de recorrer de nuevo el camino sin salida al que nos hemos dejado arrastrar, de encontrar otra vez el punto en el cual abandonamos la vía justa.

Si efectivamente se piensa que en la organización económica del Estado moderno los gastos públicos se aproximan, cuando no superan, al 40 por 100 de la renta nacional, y que, por consiguiente, casi la mitad de todo nuestro trabajo y de todo nuestro ahorro se halla directa o indirectamente involucrada en el problema del reparto tributario, no se puede por menos que descubrir en el indicado abandono, o peor, en la programada negación de la «justicia» del impuesto, un síntoma impresionante de aquella *ruina del Derecho,* denunciada por muchos y frente a la cual no se debe permanecer insensible aquí, en la tierra del Derecho, aunque nos encontremos entre tantas otras ruinas.

Y también es oportuno preguntarse en qué medida no debe influir perniciosamente sobre el conflicto cada vez más ciego y violento de los egoísmos de clase y de partido, el convencimiento de que una parte tan importante del trabajo y del ahorro individual pueda y deba estar irremediablemente y al margen de toda crítica, sin control de justicia, a disposición de la conveniencia «política» (que podrá ser, según los casos, el desarrollo de la agricultura o de la industria pesada, el incremento demográfico o la reducción de las distancias sociales, la protección del ahorro o la autarquía) cuya apreciación queda confiada inevitablemente a la clase o partido que se halla en el poder. Frente a tal interrogante, ¿se debe, quizá, aceptar como respuesta definitiva la pesimista formulación, según la cual «la esencia de la imposición está constituida por la lucha de clases»? (F. S. Adams).

3. Si se quiere remontar, aunque solo sea en sus líneas generales, el curso de esa corriente de pensamiento que después de un siglo de afanosa y apasionada búsqueda de la «verdadera» justicia tributaria por parte de los economistas, amenaza ahora con desembocar en una desesperación de justicia, es necesario volver muy atrás en el tiempo y arrancar de la comprobación de que el instituto del impuesto quedó desde el principio fuera del titánico trabajo con el que se concluía y consolidaba en Roma la «invención» del Derecho.

La antigua *«contribución»* romana, que excepcionalmente había servido para hacer frente a algún déficit momentáneo del presupuesto público y al *Stipendium* del ejército, desapareció prácticamente ya desde el siglo VI de la ciudad (Momsen, Clerici), antes que los jurisconsultos hubieran tenido ocasión de ocuparse de la misma y de fijar sus características como instituto jurídico.

Al gasto de los servicios públicos —que representaban bien poca cosa— proveían en el régimen republicano las rentas ordinarias del dominio público, que afluían al Estado desde fuera de la economía nacional.

Más tarde aparecen los tributos y pronto se multiplican y crecen como un tumor maligno con el Principado y con el *Fiscus Caesaris*[1]. Pero aparecen indisolublemente ligados, entonces, al poder absoluto del soberano impositor: no ya, por tanto, como relaciones jurídicas y conflicto plurilateral de intereses entre todos los ciudadanos para el reparto justo de los gastos públicos, sino como relaciones de poder incondicionado e incontrolable entre el soberano y cada súbdito en particular. La «*contribución*» fue sustituida, precisamente, por el «*impuesto*», el cual, incluso, y mientras duró la concepción del Estado basada sobre el señorío directo y personal del soberano, acabó por reconocerse como el sello más típico e indiscutible de aquel señorío.

De otra parte, a la abstracción formal y a la irracionalidad sustancial de la imposición, correspondía la irracionalidad y arbitrariedad de las exenciones e inmunidades más extendidas, expresión y prueba directa de la *gracia* soberana, al igual que el impuesto lo era del *poder* soberano.

4. En estas condiciones no sorprende que el organismo jurídico reaccionase frente al impuesto, precisamente como un organismo viviente reacciona ante un cuerpo extraño, es decir, tratando únicamente de aislarlo y limitarlo. De tal suerte que, mientras de un lado los moralistas iban elaborando y consolidando la doctrina según la cual las leyes impositivas *non obligant in conscientia ad illa solvenda, neque ad declarandum, quin potius ad non occultandum debitum, seu fundamentum eius,* de otro lado las teorías jurídicas que se desarrollaron en torno al impuesto desembocaron sustancialmente, a través de la conseguida inversión del célebre fragmento de Modestino, en la afirmación triunfal de la máxima *in dubio contra fiscum,* todavía operante de algún modo en nuestros días en la jurisprudencia y en la práctica. Y no carece de significado que durante toda la Edad Media, se difundiese, aunque en acepciones diversas y por distintas consideraciones, el concepto de la *odiositas,* que en el fondo reafirmaba la concepción del impuesto como un mal necesario, una limitación del derecho por razón de fuerza, una excepción, en suma, «odiosa» precisamente por «impuesta», a los principios del Derecho.

Cuando más adelante, al restaurarse las libertades políticas y advenir el moderno Estado constitucional, los tiempos se mostraron finalmente maduros para volver al concepto de «contribución» y construir una teoría jurídica del reparto de los gastos públicos, la situación encontró a los juristas, desde hacía ya tiempo, desinteresados por la suerte de la «justicia», absortos todos ellos en la mera interpretación

1 *Quidquid conspicuum pulcrumqué est aequore toto. Refisci est ubícumque natat (Giovenale).*

de la «legalidad» constituida. Esa legalidad cuya construcción, ellos, a diferencia de sus grandes predecesores, ya no consideraban una tarea y un privilegio propios, sino que expresamente pensaban que debían solamente estudiarla y aplicarla, asumiéndola como un *dato absoluto,* fundado en exclusiva sobre la autoridad soberana del Estado.

5. De este modo el problema del impuesto justo quedó por completo como monopolio de los economistas. Los cuales, es cierto, se dedicaron con ardor a la búsqueda de la solución: y no se les ocultó, para empezar, el concepto fundamental en cuya virtud, debiendo ser el impuesto la cuota individual de contribución al gasto de los servicios públicos, la justicia del reparto no podía depender sino de la correlación entre la carga del impuesto y la utilidad de los servicios públicos.

Pero bien pronto se persuadieron de la extrema dificultad de medir científicamente el «beneficio» imputable, en concreto a cada contribuyente en particular, a causa de la naturaleza «indivisible» de la mayor parte de los servicios públicos a los que típicamente se refiere el impuesto. Y entonces, con arreglo a un proceso mental netamente científico, los economistas no dudaron en eliminar sin más de los términos del problema aquella incógnita que se había revelado insoluble: y como no habían conseguido resolver la ecuación impuesto -«beneficio», la sustituyeron por la ecuación impuesto- «sacrificio». Es decir, redujeron el campo de la investigación, proyectándola sobre el acto del pago del impuesto y dejando, sin más, de lado la contrapartida de la participación individual en las ventajas de los servicios públicos. De este modo, el problema del impuesto se convertía esencialmente en un problema de medida del «sacrificio», individual correspondiente al pago del impuesto: y se nos quiso convencer de que el impuesto justo se desprendería sin más de la fórmula del sacrificio igual, o proporcional, o mínimo.

Pero la incógnita del «sacrificio» individual del impuesto, aunque todavía quede encendida alguna esperanza aquí y allá, se ha revelado al final tan refractaria a una solución «científica» como ya se mostró la del consumo y el beneficio individual[2].

---

2 Resulta ilusorio el intento de superar la dificultad con la agnóstica teoría de la «capacidad contributiva», que si ha de significar algo útil no puede ser otra cosa que la de referir objetivamente la obligación impositiva a la potencialidad económica del particular contribuyente: «quien tenga más, que pague más». Con lo que el impuesto quedaría desvinculado no solo del «beneficio», sino también —y este debería ser el mérito particular de la teoría— del «sacrificio» individual. Mas para reconocer a la fórmula «quien tenga más, que pague más» cualquier poder de persuasión y una verdadera posibilidad de aplicación, es necesario completarla más o menos implícitamente con un «porqué». Quien tiene más debe pagar más *porque teniendo más participa en mayor medida en las ventajas de la organización colectiva;* o bien: *quien* tiene más debe pagar más *porque al tener más puede pagar más con menor sacrificio.*

Y he aquí que entra en juego de nuevo la tendencia científica a «reducir» el problema que no se puede resolver: en lugar del impuesto «justo» se tratará de hallar el impuesto «óptimo», o sea, el impuesto susceptible de producir aquellos efectos económicos —incremento del ahorro o mejora de los cultivos, aumento o redistribución de la renta nacional, etc.—, que se juzguen particularmente deseables.

6. Y es en este momento cuando intervienen los políticos, quienes con razón, observan que los efectos —y por tanto los fines— del impuesto, antes aun que económicos, muy bien pueden ser sociales y políticos: lucra contra la plutocracia o tutela de las clases medias, reducción de las distancias o incremento demográfico.

Y así, se ha llegado a ese programa de trabajo que recordábamos al principio: el reparto de los gastos públicos concebido, no ya como fin, sino como simple medio; la determinación de los fines del impuesto reservada al juicio de conveniencia política; el problema jurídico limitado a la búsqueda de la forma más idónea para la realización práctica de aquel medio.

7. Situados ante este proceso de honestos esfuerzos y renuncias que han conducido, bajo los auspicios de los políticos, pero con la conformidad de economistas y juristas, a sustituir la «justicia» tributaria por la «política» tributaria, se hace necesario centrar la discusión sobre dos puntos, a saber: la imposibilidad de separar el problema del impuesto del de la cuota individual de participación en las ventajas de los servicios públicos, y la posibilidad, o mejor la necesidad, de distinguir, en cambio, y de resolver de manera distinta, los dos problemas de la política económica y de la justicia tributaria. Comencemos por este último punto.

En la actualidad ya nadie discute seriamente que entre los objetivos del Estado se encuentre también el de controlar, y si es necesario manejar o modificar el dispositivo de distribución social de la riqueza que resulta del proceso colectivo de producción. Más todavía, el

---

Como es evidente, en el primer caso se vuelve a la teoría de las contraprestaciones, y en el segundo a la de la igualdad de sacrificio. Con frecuencia, y en la práctica, las dos tendencias se encuentran a la vez en los mismos escritores. Y, en realidad, la razón del consenso al que se ha llegado sobre la teoría —o más simplemente, la fórmula— de la capacidad contributiva, reside quizá, precisa y solamente, en esto: que permite apoyarse, según los casos, en una u otra de las teorías precedentes, aprovechando de las mismas aquello en lo que ambas se ajustan a la intuición, pero sin asumir la carga de proporcionar una demostración y una aplicación rigurosamente científica de aquéllas. Es cierto, sin embargo, que entre las dos tendencias el mismo concepto de «capacidad» conduce a orientar al hombre de la calle hacia la concepción utilitarista (capacidad de pagar más con igual sacrificio): y con ello contribuye a sellar la separación entre el momento lógico del impuesto y el del gasto, y a configurar el impuesto por sí mismo como simple «manifestación de la soberanía financiera».

máximo problema que hoy se plantea en cualquier país a todos los hombres de buena voluntad es este de una «mejor justicia social».

Pero precisamente el hecho de que hoy se pueda plantear y discutir abiertamente el problema de la intervención estatal en la distribución de la riqueza, nos priva también de la que podía ser, en cierto modo, una justificación de la tendencia a confundir política económica y justicia tributaria, cuando por la inmadurez de los tiempos se apelaba a aquella confusión como a la única vía abierta para llegar indirectamente —haciendo pagar a unos más y a otros menos de la cuota justa en el reparto de los gastos públicos— a una larvada redistribución de la riqueza.

La realidad es que los dos problemas son, ante todo, muy distintos e inconfundibles en el plano lógico.

El problema de la justicia tributaria se presenta muy claro en sus términos elementales: *¿Con qué criterios y con arreglo a qué principios se debe repartir entre los distintos contribuyentes, según justicia, el gasto de los servicios públicos, cuando al reparto no se atribuya otro fin que el de cubrir, precisamente, aquel gasto?*

Un capítulo de este problema, si bien el más importante es el del «impuesto justo», que se caracteriza por estar limitado al reparto del gasto de aquellos servicios públicos cuyo coste no se quiere o no se puede imputar —por razones técnicas, económicas y políticas, la más importante de las cuales será, por lo general, la «indivisibilidad» del servicio— a contribuyentes en particular bajo la forma de contraprestación por cada unidad de consumo.

8. Junto a, o si se quiere por encima del problema de la justicia tributaria, se sitúa el de la política económica, que en sus términos más generales puede resumirse así: *¿Con qué criterios, según qué principios, dentro de qué límites y con qué medios debe intervenir el Estado en el proceso de distribución de la riqueza nacional?*[3].

---

3 El problema se ha impuesto en términos cada vez más perentorios y urgentes a medida que, con la moderna y rapidísima evolución de la economía de producción de los bienes individuales, se ha ido revelando la naturaleza unitaria e inescindible del organismo económico social. Cuando los miembros de las distintas colectividades nacionales han tomado conciencia de que son no solo hermanos, sino *socios*, y de serlo no solamente en el ámbito limitado de la prestación a expensas de todos de determinados servicios colectivos, sino en toda la extensión del proceso productivo de los bienes individuales —al ser la renta nacional en su conjunto el resultado de una economía fundada sobre la imprescindible coordinación de todos los sacrificios individuales de trabajo y de ahorro en un proceso social de producción único y unitario—, en ese momento, al simple *deber moral* de asistir al hermano y a la conveniencia política de cumplir ese deber, se ha añadido el *derecho de pretender* que la renta «social» resultante del proceso colectivo de producción se reparta según justicia. Así las cosas, el problema de la «justicia social» ha llegado a ser, más que un simple problema moral y político —como muchos parecen creer todavía—, un verdadero y propio problema *jurídico.*

Es claro que el trasvase de riqueza de una a otra clase o categoría social, realizado a *posteriori* mediante absorción y redistribución de medios monetarios —lo que significa mediante una política financiera de *redistribución*—, solamente puede ser *uno* de los medios de la intervención estatal. Y *uno* de los medios de una política financiera de redistribución puede ser la modificación en uno u otro sentido de la justa cuota individual en el reparto de los gastos públicos, es decir, la adopción de un sistema de impuestos «políticos»: en cuyo sistema el reparto del gasto de los servicios públicos ya no es un fin en sí mismo, sino que se convierte en el *medio* para alcanzar *otro* fin, que aquí será el desplazamiento coactivo de riqueza de una a otra categoría o clase de contribuyentes.

Basta con lo dicho para demostrar que el problema del impuesto justo no solo no se confunde, sino que más bien constituye el presupuesto del problema del impuesto político y redistribuidor, al ser obvio que la eficacia «redistribuidora» de un impuesto está precisa y solamente en función de la *desviación* que el impuesto representa respecto de la que sería la simple y justa cuota individual de reparto de los gastos de los servicios públicos.

En realidad, la existencia de impuestos redistribuidores, de los que todos hablan hoy, contiene precisamente en sí misma la demostración de que el «impuesto justo» existe: y más aún, basta para demostrar no solo la legitimidad racional del planteamiento del problema del «impuesto justo», sino también la necesidad de resolverlo, aunque no fuese sino para valorar o controlar el alcance redistribuidor del impuesto.

9. Por cuanto hemos dicho hasta aquí, el «impuesto justo» queda definido como *la cuota individual correspondiente al reparto justo de los gastos de un determinado grupo de servicios públicos, cuando el reparto se conciba como fin en sí mismo, es decir, sin asignarle otro objetivo que no sea el de asegurar la cobertura del gasto al que se hace frente colectivamente.*

Hemos definido, en cambio, como impuesto «político» y redistribuidor el que provoca una desviación del impuesto «justo», dirigida a utilizar el reparto de los gastos públicos como un medio para la consecución de un fin ulterior, sea político, social o económico.

De donde se desprende que el impuesto «justo» no es el impuesto «político». Pero no se desprende, en absoluto, que el impuesto político deba considerarse necesariamente injusto. En realidad el impuesto político no es, por sí mismo, ni justo ni injusto, precisamente porque no constituye sino un *medio* técnico para alcanzar un fin ulterior, el cual será, según los casos, justo o injusto, bueno o malo, útil o dañoso.

Supóngase que después de haber saneado y parcelado una cierta extensión de terreno, se decida reducir el precio de las parcelas que hayan de asignarse a familias de caídos de guerra, a un porcentaje del que sería el precio justo si la asignación no tuviese otro fin que recuperar el coste de la operación, y aumentar correlativamente el precio justo de las parcelas que hayan de atribuirse, en cambio, a familias de no combatientes. Está claro que no podría considerarse injusta *a priori* la contraprestación que, en definitiva, pagaría cada uno de los beneficiarios. Si bien se mira, esa contraprestación no sería por sí misma justa ni injusta. Justa o injusta podría juzgarse, más bien, la *reducción* y respectivamente el *aumento* realizados en el precio de las dos categorías de parcelas distribuidas. Y para que pudiese considerarse justa, sería necesario que se estimasen justos el *fin* de la operación (beneficiar a las familias de los caídos a expensas de las familias de los no combatientes) y el *medio* teórico adoptado (reducción de un porcentaje y correspondiente aumento del precio de asignación de parcelas de terreno). Pero también, y ante todo, sería necesario que dicha reducción y aumento resultarán efectiva y uniformemente practicados respecto al precio «justo», cuidadosamente valorado con criterios de justicia objetiva, para tener en cuenta, pongamos por caso, la diversidad de superficie, orientación, fertilidad, dotación, etc..., de las distintas parcelas.

10. Reconocido así que también el impuesto «político», en el sentido en el que acabamos de definirlo, puede no ser injusto, es necesario, empero, preguntarse si constituye el medio más oportuno y deseable para llevar a cabo una redistribución de riqueza, aunque esta sea en hipótesis oportuna o necesaria por sí misma. Y parece que existen razones muy serias para concluir que más bien debe considerarse como el *último* medio al que recurrir, siempre temporalmente y solo cuando cualquier otro medio se haya agotado o resulte inutilizable.

Piénsese, ante todo, que reconocer la necesidad de una política de *redistribución* de la riqueza, significa comprobar que el mecanismo económico de *distribución* —que es el dispositivo de los precios y de los salarios— no ha funcionado, o todavía no funciona de acuerdo con lo que se considera justo, conveniente o necesario. Entonces, si la falta de funcionamiento se debe a causas de carácter extraordinario, como sucede típicamente en la economía de guerra, es comprensible que se estime conveniente, una vez considerada la situación, más que poner las manos en el dispositivo, tolerar su falta de funcionamiento temporal y corregir *a posteriori* las consecuencias del mismo, redistribuyendo la parte de riqueza que resulte mal distribuida. En este caso, sin embargo, la redistribución se inscribirá, naturalmente, en el ámbito de una Hacienda *extraordinaria,* distinta de la contribución ordinaria. Y a lo dicho solo añadiremos que la Hacienda extraordinaria aparece regulada por unos principios propios y asimismo que opera con medios técnicos y jurídicos propios, necesariamente distintos de los de la Hacienda ordinaria.

11. Pero si llegaran a persuadirnos —como en realidad se nos va persuadiendo— de que la falta de funcionamiento se debe a un defecto o a un anacronismo del dispositivo de distribución, que no puede considerarse meramente temporal, entonces el remedio de la redistribución *a posteriori* resultaría manifiestamente inadecuado y antieconómico.

Si el mecanismo de los precios y de los salarios ya no funciona bien, es ese mecanismo el que hay que corregir. Adaptarse a una distribución congénitamente desproporcionada, confiando solamente en corregir sus efectos *ex post* a través de una redistribución *permanente,* sería una situación tan irracional como la que se produciría cuando un grupo de copropietarios, habiendo advertido un defecto de funcionamiento en el sistema de distribución del agua, adoptaran como remedio permanente el de enviar al portero a recuperar el agua recibida de más por algunos copropietarios para «redistribuirla» a los afectados por él desperfecto.

Tan irracional, pero mucho más difícil y peligrosa sería la redistribución financiera permanente. En efecto, así como puede resultar fácil demostrar a un copropietario que él agua recibida de más por el vecino se debe a un defecto de funcionamiento del mecanismo de distribución, al que es justo poner remedio de un modo o de otro, resulta imposible, en cambio, persuadir a un contribuyente —abstracción hecha de coyunturas temporales y extraordinarias— de que la riqueza que él ha ganado o que su padre ha ganado trabajando honestamente, ahorrando o asumiendo riesgos con pleno respeto de las leyes y de los derechos ajenos, no constituye un mérito y un derecho propio, sino el resultado de un defecto del mecanismo económico de distribución de las rentas de la colectividad, de manera que él está obligado en conciencia a restituirla para que sea asignada a otros.

Por tanto, una redistribución permanente estaría destinada de manera inevitable a llevar a los particulares al convencimiento de un atropello permanente y, en consecuencia, a colocar a la sociedad en un estado de guerra permanente. Y no existe guerra peor que aquella en la que ambas partes contendientes están sincera y honestamente convencidas de reaccionar contra una injusticia, antes todavía que de defender un interés.

12. Estas consideraciones, cuya gravedad sería vano y peligroso ocultarse, no significan que por razones técnicas, económicas o políticas no debamos resignarnos, más o menos temporalmente, a alguna forma de redistribución incluso fuera del marco de una Hacienda extraordinaria, siempre que se proceda de manera simultánea a una oportuna revisión del mecanismo económico de distribución. Pero al menos estamos autorizados para desear vivamente que a la redistribución se reserven en todo caso *institutos jurídicos propios y distintos* de los destinados, en cambio, a la función de repartir según justicia los

gastos de los servicios públicos. La confusión, o en todo caso el acoplamiento, resultan igualmente dañosos, tanto para una como para la otra operación.

13. Para el reparto de los gastos públicos es nocivo atribuir función y efecto de redistribución a la contribución pública, a través de aumentos y correspondientes reducciones de la justa cuota individual; porque semejante política elimina sin esperanza, más allá de un cierto límite, toda posibilidad seria de esa *colaboración* activa del contribuyente, de la cual, sin embargo, ningún sistema impositivo puede prescindir, como está demostrado históricamente.

Si no se puede pretender, y no se pretende, que el ladrón declare lo que ha hurtado, a *fortiori* no se puede pretender que quien posee bienes declare la riqueza legítimamente ganada y colabore de manera activa a obtener el resultado de verse privado de ella sin contrapartida, aunque así parezca «oportuno» o «conveniente» o tal vez necesario en función de la contingente situación política o económica.

Por tanto, sería ingenuo o incivil apoyar precisamente sobre la colaboración del contribuyente todo el mecanismo del impuesto —como prácticamente se hace y resultaría imposible no hacer—, estableciendo sanciones a veces muy graves contra las declaraciones «falsas», si aquel mecanismo se quisiera utilizar para una operación de cirugía económica, a la que el contribuyente no puede sentirse y no se sentirá nunca obligado en conciencia a colaborar. Y el juntar las dos cosas no produciría en la práctica otro resultado que el de justificar moralmente la resistencia y la evasión respecto de *todo* el impuesto[4].

---

4 Es necesario, en cambio, evitar el error de subvalorar, y por tanto olvidar, la influencia imponderable de la adhesión moral del contribuyente sobre el funcionamiento del mecanismo tributario. Existe en cada hombre, incluso en el peor de ellos, junto a los intereses más egoístas, una consciente o inconsciente aspiración, a la justicia. El hecho es que si los viajeros no considerasen «justo» el pago del billete, los ferrocarriles no conseguirían recaudar ni siquiera un tercio de los billetes del viaje. Viceversa, el día en que el hombre de la calle se sintió desvinculado de su propio juicio moral y del de su prójimo, no dudó, ese mismo día, en arriesgarse a la prisión y a la muerte para apropiarse de lo ajeno: como bien sabe quien ha visto en la tempestad de la guerra, a masas de plácidas amas de casa, de funcionarios íntegros, de honestos trabajadores, participar en el asalto a establecimientos comerciales (desafiando a los rigores de la ley y de la crueldad alemana), dejando en el suelo muertos y heridos para llevarse algún metro de tela o una botella de licor.

Por tanto, las «sanciones» y las «penas» no pueden sustituir a la fuerza que imprime a la ley el convencimiento de su justicia por parte de quien debe cumplirla. Las sanciones solo cumplen su objetivo cuando sirven para sellar y convalidar en el ánimo de los ciudadanos la condena moral al violador de la ley. En caso contrarío no hacen otra cosa sino Subrayar la injusticia de la ley que a ellas se confía, y justificar, así, mejor incluso, en el plano moral, la evasión y la colusión o la tolerancia con los evasores.

Es cierto también, qué frente a la contribución «justa» existirá siempre un margen de evasión imputable a la debilidad de los hombres, pues no todos consiguen realizar contra el interés material la instintiva tendencia hacia lo justo, Pero una cosa es tener que superar

14. Pero, a efectos de una labor de redistribución eficaz y justa, rio menos inoportuno sería confinarla en el ámbito del reparto de los gastos públicos en forma de desviación de la justa cuota individual de contribución; y ello aunque solo fuese porque la distribución de riqueza que se obtiene en forma de exención o reducción del impuesto justo, se concreta en un beneficio que, además de ser difícilmente controlable en su cuantía, aumenta en medida proporcional o progresiva al aumentar la renta, o el patrimonio o el consumo, y por tanto al disminuir la necesidad, y viceversa.

En realidad es difícil imaginar algo más injusto que un subsidio a favor de las familias numerosas distribuido de modo que, *ceteris paribus*, a la familia que tiene 20.000 liras de renta se le atribuya una suma *menor* (y más de cinco veces menor) que la atribuida a la familia con 100.000 liras de renta; a la familia que vive de capital una suma *mayor* que a la que vive de trabajo, y *nada* en absoluto a las familias que no consigan reunir una renta superior al mínimo imponible. Y, sin embargo, estas son precisamente las curiosas, pero inevitables consecuencias de la «redistribución» llevada a cabo mediante la reducción del impuesto (Ley de 14 de junio de 1928, número 1.312).

En cambio, el Estado puede realizar la función redistribuidora de manera mucho más racional y amplia en el terreno de los *gastos*, es decir, considerando la eliminación de las injustas desigualdades sociales, la política de pleno empleo y de seguridad social, la lucha contra la miseria y la tutela de la libertad económica de los ciudadanos, no ya como la satisfacción de intereses *particulares* de las clases pobres en conflicto con las clases ricas, sino, por el contrario, como el esta-

---

con la fuerza o la intimidación ese *déficit* psicológico entre el interés material y la conciencia moral, que inevitablemente se genera en algunos frente a una pretensión *sentida como justa*, y otra distinta resistir a la suma del interés y de la voluntad que inevitablemente se hallan en todos frente a la exigencia del sacrificio impuesto con la fuerza y *sentido como injusto* o en todo caso moralmente no debido.

Sobre el tema de la evasión, medítese esta breve página que resume el pensamiento secular de los canonistas sobre la obligación de pagar los tributos, y que arroja luz sobre las que probablemente son las raíces más profundas y firmes del fenómeno de la evasión.

«Leges tributorum, *quando constat esse injustas, non obligant ad solvenda tributa*, non solum antequam petantur, sed etiamsi exigantur. In hoc omnes conveniunt et ratio est clara: quia si lex est injusta etiam petitio tributi; ergo non potest magis obligare petitio quam lex ... Sequitur, personas illas a quibus tafia tributa exiguntur *posse licite non solvere tributum*, tum se *occultando*, tum etiam *resistendo* aliquo modo, quntum sine gravi rixa et scandalo possint, quia ius defensionis naturale est. Possunt etiam uti amphibologiis *ad'non revelandam veritatem*, quia iniuste interrogantur et non tenentur respondere ad mentem interrogantis ... sequitur quarto eos qui coguntur solvere talia tributa posse alia via reparare damnun, vel *non sovendo alia tributa iusta* si occasio detur, vel alio simili modo occulto, sine vi et rapina, recompensationem faciendo ex bonis principis vel eius qui per iniustitiam tributum extorsit. Haec omnia patent ex generalibus regulis de restitutione.» (Suárez, *Tratactus de legibus ac Deo legislatore*, pars II, lib. V,. capítulo XVIII, pág. 78.)

blecimiento de las condiciones necesarias para una convivencia social pacífica y productiva; condiciones de las que el Estado, por tanto, se hace cargo en el interés *general* e indivisible de todos aquellos que participan de dicha convivencia con motivo del desarrollo de su actividad productiva individual o del disfrute de sus resultados.

Y si después, a pesar de la intervención preventiva de la ley al regular el mecanismo de la *distribución* de la renta nacional (mecanismo de los precios y de los salarios) y a pesar de la función igualadora de los gastos para la justicia social se sintiese todavía la necesidad de impedir y reducir las acumulaciones excesivas de riqueza individual quedaría el instrumento de las leyes sucesorias. Y como se verá en los capítulos siguientes, el llamado impuesto sobre las sucesiones, más bien debería ser considerado, incluso conceptualmente, como una verdadera y propia *legítima fiscal,* trasladándolo de la teoría jurídica de la contribución a la de la sucesión.

Al sistema de los impuestos —respecto de los cuales el nombre mismo de impuesto debería ser definitivamente sustituido por el más antiguo y noble de «contribución pública»— debería reservarse, en cambio, bien clara y explícita, la sola función de realizar junto a las tasas y a las contribuciones especiales el reparto de los gastos públicos según justicia y como un fin en sí mismo, entre todos los cointeresados en la existencia y actividad de la Administración pública.

15. Queda por ver si el problema de repartir con arreglo a justicia el gasto de los servicios públicos indivisibles, no sea tal vez de imposible solución.

Y esta es, en el fondo —es decir, precisamente el haber considerado imposible la solución—, la verdadera razón que ha inducido a los economistas a abandonar el problema y, por último, a prescindir sin más del mismo, después de haber tratado de resolverlo durante más de un siglo.

Es preciso volver atrás y remontarse a aquel punto crucial de la investigación sobre el «impuesto justo», en el cual se intentó desligar el momento de la imposición del momento del disfrute de los servicios públicos.

Los antiguos y denostados partidarios de la *benefit theory,* dejándose guiar quizá más por la intuición —y querríamos decir por el sentido común— que por la ciencia, habían acertado al menos en esto: en intuir que no es posible repartir según justicia la carga de los gastos públicos si no se pone en relación el «sacrificio» del impuesto con la utilidad de los servicios públicos. En realidad, en el mismo momento en que los economistas decidieron construir la teoría del impuesto justo sobre la única base del «sacrificio», se condenaron irrevocablemente a razonar en el vacío, y sus construcciones, «científicas» de escalas y de curvas, perdieron todo sentido a los efectos del problema que se trataba de resolver; y que era todavía, no se olvide, precisamente el del impuesto justo, con arreglo a la tesis según la cual debía considerarse justo el impuesto capaz de realizar, según los casos, el sacrificio «igual» o «proporcional» o «mínimo».

Y esto, no tanto porque la imposibilidad de confrontar las sensaciones, las necesidades y los sacrificios de sujetos distintos *(no bridge)*, haga imposible construir sobre el «sacrificio» cualquier teoría «científica» del impuesto, como los economistas de hoy parecen casi de acuerdo en señalar, sino porque, sobre todo, una vez que se hubiera alcanzado en hipótesis una nivelación en todo caso perfecta de los «sacrificios» individuales correspondientes al pago del impuesto según cualquier relación predeterminada, tal nivelación no podría decirse justa *sino en cuanto se hubiese demostrado primero que los particulares contribuyentes están en esa misma relación, y no en otra, respecto a la prestación de los servicios públicos, cuyo gasto se trata de repartir.*

16. Así las cosas, se plantea de nuevo la pregunta: ¿Es posible resolver el problema del impuesto justo, que no es sino el problema de conmensurar las relaciones de contribución a las relaciones de coparticipación en los servicios públicos?

A esta pregunta los economistas parecen acordes en responder que no, invocando la «indivisibilidad» que caracteriza el consumo de los servicios públicos más típicamente contemplados por el impuesto. Pero a la respuesta negativa no puede resignarse el jurista, el cual sabe que cada día está llamado a resolver, y a resolver con arreglo a justicia, problemas que se plantean en términos absolutamente análogos. Tales son el problema del *in funus conferre* – es decir, el problema del justo reparto de los gastos realizados para el honor y el decoro de la familia en cuanto colectividad inescindible—; y el del reparto de los gastos de publicidad o de defensa de un producto a cargo de un «cartel» industrial y el de la avería común y el de la distribución de muchos de los gastos de la comunidad *pro indiviso.* Son otros tantos casos en los que no se trata de otra cosa, sino precisamente de distribución según justicia entre una pluralidad de interesados, el gasto de un servicio o de un conjunto de servicios prestados en beneficio y para el consumo inescindibles de toda la colectividad.

Y bien, en los bufetes de los letrados o en las salas judiciales esos problemas se resuelven a diario y las partes se van convencidas de haber obtenido justicia ¿Por qué, entonces, no se podría resolver también de manera análoga el problema del reparto justo de los gastos públicos?

¿Por qué, si a nadie se le ocurre decir a los copropietarios de una finca urbana que no existe, pongamos por caso, un justo reparto de los gastos de los servicios de ascensor o de portería, debería decirse, en cambio, que «el impuesto justo no existe» cuando se trata del reparto —tanto más importante para la paz y el orden social— de los gastos de los servicios públicos de la colectividad nacional?

17. En el próximo capítulo procederemos a confrontar, en concreto, las razones aducidas por los economistas para «decir que no», con los criterios adoptados por los juristas para «decir que sí», declarando insoluble, unos y resolviendo prácticamente, los otros, el problema del justo reparto de los gastos de los servicios colectivos «indivisibles».

Pero desde ahora es necesario poner en guardia al lector contra la que es, probablemente, la primera justificación de la divergencia. Cuando el economista declara insoluble el problema de la distribución justa, quiere decir, en realidad, que no le es posible resolverlo con exactitud «científica», es decir, que no le es posible encontrar y demostrar científicamente de una vez por todas la fórmula de la verdadera y perfecta justicia tributaria. Ahora bien, así concebida, la declaración de impotencia de la ciencia económica puede aceptarla el jurista, sin por ello verse inducido en absoluto a reconocer como necesario o razonable dejar aparte sin más el problema y no volver a hablar de reparto justo de los gastos públicos.

El hecho es que la «justicia», como la «belleza» y la «bondad»; quizá pueden ser objeto, pero nunca resultado de «ciencia». La justicia es algo que no se «demuestra», sino que se «siente», y es especialmente un concepto límite, una tendencia, que casi siempre se realiza solo por aproximación. Es más, incluso allí donde sea posible conseguir la justicia perfecta, nunca son decisivos para demostrar la bondad de los resultados obtenidos los instrumentos y las fórmulas del científico, sino solo la sensibilidad relativa de la «conciencia económico-social», la cual, al contrario de las valoraciones científicas, es tan sutil en las apreciaciones *cualitativas* como burda en las *cuantitativas.*

De donde se desprende que la exactitud «científica» no solo no es necesaria en la búsqueda y realización de la justicia, sino que con mucha frecuencia tal vez es dañosa. Como ha ocurrido de hecho con los conceptos de cosa «simple» y «compuesta», con la distinción entre «mueble» e «inmueble», con la clasificación jurídica de la electricidad y de la propiedad industrial, y como sucede todavía, precisamente en el campo del Derecho tributario, con las definiciones de «renta», de «capital», de «gasto», de «pérdidas», de «interés», y así sucesivamente, cuestiones todas ellas que resultan oscuras y difíciles precisamente y sobre todo por el contraste entre la aproximación psicológica de las valoraciones de la conciencia económico-social y la precisión objetiva de los análisis científicos.

18. En conclusión, si al afirmar que «el impuesto justo no existe» el economista quiere —como efectivamente quiere— decir que no existe el impuesto «científicamente» justo, al jurista le está reservado entonces sonreír por la ingenuidad del científico, que ha podido pensar que encontraría la justicia en la platina del microscopio. Y la sonrisa del jurista significa que ni la postulada inexistencia del impuesto «científicamente» justo basta para convencer de la imposibilidad de realizar con perfecta justicia el reparto de los gastos, ni sobre todo, la imposibilidad eventual de una justicia incluso solo estimablemente perfecta justificaría la renuncia a alcanzar una justicia por aproximada que fuese; o lo que es lo mismo, a aplicar los criterios del reparto justo aun con ese amplio margen de aproximación y de error que las necesidades de la práctica y las posibilidades de la técnica hagan inevitable.

No es improbable, o mejor, es muy cierto que el economista no dudaría en declarar «imposible» la valoración «científica» de un brazo roto o un ojo extirpado. ¡Pero nadie pensaría que, a quien con un brazo roto o un ojo perdido por culpa ajena demanda justicia, pueda responderle el Juez que «la indemnización justa no existe»!

II

LA TEORÍA JURÍDICA DEL IMPUESTO Y EL PRINCIPIO DEL INTERÉS

1. El párrafo 1 de la *Reichsabgabenordnung* (22 de mayo de 1931), resumiendo y confirmando las conclusiones de la espléndida floración de estudios que en tomo al Derecho tributario se ha producido en los últimos treinta años en Alemania y después en Suiza y en Italia, define así el «concepto de impuesto» *(Steuerbegriff):* «Los impuestos son prestaciones pecuniarias únicas o periódicas que no representan una contraprestación por una prestación particular y que se establecen por un ente de Derecho público, con el fin de conseguir ingresos, sobre todas aquellas personas respecto de las cuales se realiza la situación de hecho a la que la ley vincula la obligación de la prestación»[1].

Si se compara esta poco elegante formulación con la ya mencionada de Bartolo, para quien el impuesto era un *munus quod necessario subimus lege vel mero imperio eius qui habet potestatem,* puede comprobarse que después de todo no se ha recorrido mucho camino en seiscientos años.

Lo malo es que lo que para Bartolo quería ser solamente un juicio, y no lisonjero[2], dirigido a consolidar el principio *in dubio contra fiscum,* se ha convertido ahora en una definición programática, respecto de la cual la actitud de la doctrina moderna ya no parece ser de resignación, sino de aplauso, al reivindicar para sí el mérito de haber fijado definitivamente como carácter distintivo del instituto jurídico del impuesto precisa y solamente «la falta de una causa específica justificadora de la obligación» que no sea la «potestad de imperio originada o delegada del ente público» (A. D. Giannini).

---

1 «Steuern sind einmalige oder laufende Geldleistungen, die nicht eine Gegenleistung für eine besondere Leistung darstellen und von einem öffentlichrechtlichen Gemeinwesen zur Erzielung von Einküften allen auferlegt werden, bei denen der Tatbestand zutrifft, an den das Gesetz die Leistungspflicht knüpft.»

2 «Census ignoratiae» declaraba la Glosa «id est cuius causa iusta ignoratur, *nullo iure divino vel humano probatur*».

2. Y en verdad, el esfuerzo de la reciente y muy reciente literatura jurídica en lo referente a la definición dogmática del impuesto, se ha concentrado todo él en una crítica puramente *negativa* del concepto esencialmente funcional que se habían formado —y continúan teniendo todavía— los economistas, unánimes en configurarlo como el instrumento de recuperación de la parte indivisible del coste de los servicios públicos de utilidad general, mediante la detracción colectiva de una parte de la riqueza individual impuesta indistintamente a todos los miembros de la colectividad.

Al hilo de este concepto; nuestros antiguos o menos recientes administrativistas definieron el impuesto, palabra más palabra menos, como «la *cuota* que cada uno debe entregar de su propio haber según la ley, *para sostener las cargas del Estado*» (Meucci, Mantellini, Quarta, Clementini, Cammeo, Ranelletti)[3].

La nueva escuela de Derecho tributario ha eliminado, ante todo, toda referencia a los gastos públicos, partiendo de la base de que el destino del producto recaudatorio constituye solo un presupuesto económico-político de la imposición, pero no un elemento de la estructura jurídica del impuesto. Y por análoga razón ha renunciado también al requisito de la *generalidad,* convencida —como consecuencia lógica de la concepción del impuesto como «mera manifestación de soberanía»— de que no dejaría de ser un impuesto incluso aquel que quisiera imponer el Estado a una categoría restringida de contribuyentes o tal vez a un solo contribuyente. Por último, ha excluido que la exacción del impuesto deba referirse, necesariamente a la riqueza individual o realizarse, en todo caso, según una regla constante (Blumenstein). Mas una vez concluida esta obra de demolición crítica, se ha encontrado entre las manos la estructura jurídica del impuesto reducida a una simple y abstracta —«rein und voraussetzungslos» (O. Mayer)— obligación *ex lege* a favor de un ente público, ligada a «presupuestos de hecho» *(Tatbestand)* aparentemente muy diversos, respecto de los cuales todo lo que se precisa es que no deben concretarse en una «prestación particular» a favor del contribuyente[4] (en cuyo caso no se trataría del impuesto, sino de la tasa), y ni siquiera, se añade por algunos autores, en un beneficio particular o en un gasto particular a favor de un determinado contribuyente (en cuyo caso se trataría de la «contribución especial»).

---

3 Era sustancialmente la definición contenida en el artículo 25 de nuestro Estatuto, según el cual, como es sabido, todos los regnícolas «contribuyen indistintamente, en proporción a sus haberes, a tes cargas del Estado».

4 Con lo cuál, obsérvese, resultaría bastante difícil reconocer el carácter de impuesto —que sin duda posee— al *empréstito forzoso* establecido en Italia por el Decreto legislativo de 5 de octubre de 1936, núm. 1743, a cargo de los poseedores de bienes inmuebles.

3. Y he aquí surgir y consolidarse rápidamente la idea que se quiere considerar como fundamental en la dogmática moderna; a saber: la de que el elemento distintivo del impuesto como instituto jurídico consiste precisa y solamente en la falta de una causa específica de la obligación, de tal modo que «las pretensiones del ente público que pudieran fundarse en otra causa obligatoria distinta de la potestad de imperio, no serían impuestos» (Blumenstein).

Sin embargo, como se advierte la insuficiencia de una definición puramente negativa, se quiere explicar que el «fundamento jurídico» de la obligación impositiva residiría precisa y únicamente en la «potestad de imperio originaria o delegada», o como otros dicen, en la «soberanía financiera» o «potestad tributaria» *(Steuerhoheit, allgemeine Finanzgealt)* del Estado.

Pero se advierte en seguida que para que pueda hablarse de una «potestad tributaria» como elemento relevante en la definición del impuesto, sería necesario que esa potestad se manifestara *dentro* de la relación jurídica impositiva, de tal suerte que no ya la ley tributaria, sino el crédito impositivo dentro del ámbito de la Ley que reconoce el instituto quedase sujeto a la discrecionalidad de aquel poder (Nawiasky). Por contra, todos están de acuerdo en excluir precisamente la discrecionalidad e incluso la disponibilidad misma del crédito impositivo, de tal suerte que la «soberanía financiera» no aparece, en definitiva, sino como el aspecto financiero de la soberanía, y en palabras pobres, como el poder del Estado de convertir en *ley* su voluntad y de este modo imponer también, legislando, cualquier obligación financiera para cualquier fin y sobre cualquier presupuesto de hecho a quienes se encuentran sujetos a su poder de legislador soberano.

Con lo que, en fin de cuentas, la remisión al «poder de imperio» asume también valor y contenido puramente *negativos* en la definición del impuesto, sirviendo simplemente para confirmar la imposibilidad de reunir los llamados «hechos impositivos» en una categoría lógico-jurídica definitiva que pueda insertarse como un título jurídico entre el crédito impositivo y el simple *sic volo sic iubeo* del legislador.

4. En la definición generalmente aceptada queda todavía un solo elemento positivo, que ha parecido indispensable a la doctrina (Friedrichs) para diferenciar el impuesto de la *pena* pecuniaria, y es el *fin* de conseguir un ingreso *(zur Erzichung von Einkünften)*.

Pero el expediente resulta ser irracional e ineficaz cuando se le somete a crítica, sea porque la estructura jurídica de un instituto no puede ser definida racionalmente a través del *fin práctico,* sea porque el fin de conseguir un ingreso no es, en realidad, ni exclusivo del impuesto ni indispensable a su concepto, al existir institutos distintos del impuesto (rentas demaniales, precios públicos, prestamos, tasas, etc.), que precisamente atienden a aquel fin, y al existir, por contra, verdaderos y propios impuestos (derechos aduaneros proteccionistas, impuesto extraordinario sobre dividendos, impuesto sobre las plusvalías inmobiliarias), concebidos para alcanzar de manera principal o absolutamente exclusiva —e incluso a costa de reducir o desecar importantes fuentes de ingresos— fines muy distintos, a veces incluso represivos y persecutorios (impuestos raciales).

En cambio se ha dado ayer (confiscación de los bienes de los jerarcas fascistas), aunque sea tan antigua como el mundo, la hipótesis de verdaderas y propias penas dirigidas al fin principal y declarado de conseguir un ingreso para la Hacienda del Estado.

En realidad lo que puede diferenciar la pena del impuesto es más bien y sobre todo el que aquélla, y no este, constituye la sanción de un ilícito; por tanto, no el fin, sino la categoría jurídica del «presupuesto de hecho» al que la ley conecta la obligación de la prestación coactiva. Exactamente como sucede con la distinción entre la tasa y la contribución especial, que precisamente la doctrina ha debido esforzarse en construir (con éxito solo parcial), a través de la definición *positiva* de la categoría particular de hechos a la que la ley une la obligación de pago de tasas y contribuciones especiales.

5. Llegados a este punto, el impuesto no es más que una obligación *ex lege* indeterminada, respecto de la cual únicamente se introduce como precisión la de que *no* debe ser una tasa, ni una contribución especial, ni una pena.

Y, en efecto, uno de los más agudos y equilibrados entre nuestros escritores ha tenido que llegar coherentemente a la conclusión de que la «deuda impositiva, cuando se considera en su estructura jurídica intrínseca, *no se diferencia de cualquier otra obligación (ex lege)* según el esquema tradicional elaborado por el Derecho privado» (A. D. Giannini). Y aquí se quiere poner el acento no tanto sobre el paso del Derecho público al privado, cuanto sobre la asimilación indiferenciada de la obligación impositiva *a cualquier otra* obligación ex *lege.*

Si frente a esta conclusión extrema, lógicamente indiscutible a tenor de las premisas dogmáticas, la unanimidad de los escritores retroceden aferrándose a la distinción entre Derecho público y privado y al equívoco concepto de *Gewaltverhältnis* (Bühler), la repugnancia no se justifica racionalmente por la lógica de los argumentos empleados, sino que probablemente se explica a través de la intuición y la experiencia sobre la realidad del impuesto en cuanto categoría jurídica bien diferenciada y que responde —cualquiera que sea el fin práctico y el destino económico del mismo— a una *función jurídica* propia y típica que condiciona y define su esencia. Y volveremos en seguida sobre el fundamento de esta intuición.

6. En el ínterin hemos de concluir que la doctrina del Derecho tributario ha logrado convencernos, en definitiva, de todo lo que el impuesto *no es*, pero no ha conseguido decirnos casi nada de lo que el impuesto *es*. Ahora bien, semejante delimitación puramente negativa del concepto de impuesto (que de otra parte ni siquiera está fijada todavía con definitiva certeza, porque quedan muchas dudas sobre la distinción entre impuesto y tasa, y todavía más entre impuesto y contribución especial, sin olvidar que tampoco sería fácil diferenciar, al hilo de la definición aceptada, el impuesto de subsidio establecido por ley a favor de un ente público), acompañada además por la afirmación de la imposibilidad de encontrar ningún otro fundamento jurídico del impuesto distinto al inescrutable imperio del legislador, puede sin duda prestar y ha prestado servicios en el terreno puramente exegético, pero ciertamente no basta para justificar y construir en el plano dogmático una teoría jurídica del impuesto.

Si verdaderamente el impuesto no debiera ser otra cosa que una orden de pago, cuya única característica fuera la de carecer de un fundamento jurídico propio distinto del imperio soberano, la única conclusión lógica a la que debería llegarse en ese caso es la de que el impuesto como instituto jurídico no existe en el terreno dogmático. En el ordenado universo de la dogmática jurídica aquellas órdenes impositivas girarían alrededor como meteoros *extravagantes*, leyes sin ley, definitivamente desligadas de cualquier principio jurídico que al constituir su fundamento común permita reconducirlas a unidad conceptual o coordinarlas con los demás institutos preexistentes.

7. Pero esta conclusión choca y se quiebra, como hace un momento señalábamos, contra la intuición de la conciencia jurídica y la experiencia de la realidad, donde el impuesto se configura, en cambio, como una categoría lógico-jurídica bien determinada, con una *estructura* propia y peculiar y asimismo con una típica y propia *función jurídica*. Y el contraste entre lógica e intuición aparece —nótese— en las mismas enseñanzas de la doctrina a propósito del principio fundamental de la indisponibilidad del impuesto.

Todos los autores se muestran unánimes en reconocer que no solo no puede admitirse un impuesto que no esté específicamente previsto y consentido por la ley, sino que incluso dentro del ámbito y en aplicación de la ley el ente impositor no puede disponer en forma alguna del crédito impositivo, concediendo moratorias o reducciones o exenciones frente a contribuyentes en particular, hasta el punto de que, en la hipótesis de que la ley guarde silencio —y, a veces, incluso en contraste con la letra de la ley, como sucede a propósito del concordato sobre la liquidación—, se quiere excluir cualquier posibilidad de una transacción jurídicamente válida entre la Administración y el contribuyente.

Ahora bien, la indisponibilidad no se desprende ciertamente como corolario lógico del concepto de impuesto que tiene como «único fundamento jurídico» la potestad financiera del ente público. Ni tampoco podría justificarla la remisión al llamado principio de certeza, el cual, dejando aparte la necesidad de demostrar que sea algo más que una simple exigencia político-económica, postula que cada uno deba estar seguro de que no se verá obligado a pagar *más,* o en forma *más onerosa,* de cuanto se halle establecido por ley, pero no ya que no pueda ver *reducida* su deuda o modificadas a *su favor* las condiciones.

En fin, ni siquiera la ley positiva parece imponer en todo caso el principio de la indisponibilidad absoluta, toda vez que, más bien, algunas disposiciones particulares[5], y el mismo artículo 30 del Estatuto podrían quizá proporcionar argumentos dialécticos más favorables a la tesis contraria.

Y siendo esto así es necesario preguntarse dónde encuentra su fuerza y razón la unanimidad de autores y de juicios en torno a la indisponibilidad del impuesto. Y la respuesta es: en la intuición de que, al reducir o perdonar el impuesto a un contribuyente en particular, la Administración pública subordinaría al interés de ese particular, no tanto *su* propio interés en la percepción íntegra de aquel determinado ingreso, cuanto el *interés individual de los demás contribuyentes* uti singuli *a que el impuesto se distribuya justamente a cargo de todos y de cada uno.* Situación análoga —si bien a la inversa— a la que se produce en la distribución de los dividendos de una sociedad anónima: la facultad de los administradores de la sociedad de determinar el beneficio a distribuir a los accionistas, no se confunde y no se interfiere con la obligación de observar la más perfecta y rigurosa justicia distributiva en el reparto del dividendo entre los distintos socios al margen de cualquier criterio discrecional.

8. Hay que partir precisamente de esta intuición de *la función de reparto* de la ley impositiva —función, por tanto, típicamente *jurídica*—, en el intento de dar un contenido positivo al concepto y a la definición del impuesto.

La realidad es que en la base de la ley impositiva se halla un *doble* conflicto de intereses:

---

5 Por ejemplo, el artículo 13 de la Ley del registro (Real Decreto de 30 de diciembre de 1933, núm. 3269), a cuyo tenor «el Ministro de Hacienda, los funcionarios que de él dependen y cualquier otra autoridad pública, no puedan conceder ninguna rebaja de las tasas y recargos establecidos por *esta ley,* ni suspender su recaudación, sin incurrir en responsabilidad personal».

Es evidente que, en el plano puramente exegético, la formulación de este artículo se prestaría mejor a ser interpretada como una excepción que como una confirmación de un principio general.

a) Conflicto, en primer lugar, para el establecimiento y la delimitación del impuesto, entre el interés del ente impositor y el interés *común* de los contribuyentes. Este es el conflicto que se presenta con particular evidencia, asumiendo formas dramáticas, en la historia del Derecho constitucional, cuando al soberano se opone el pueblo como, sujeto distinto, de manera que el impuesto, en un cierto momento, se concibe como el objeto de un verdadero y propio *contrato* entre el Parlamento y el soberano. De un lado está el interés del soberano a obtener un máximo de impuesto y el mínimo de limitaciones en la aplicación de lo recaudado; del lado opuesto, el interés común de los contribuyentes a que el impuesto se reduzca al mínimo y quede taxativamente condicionado a destinos determinados (de donde nacen los dos institutos, todavía vivos y operantes en Inglaterra, del *appropriation bill* y de la exclusiva competencia del Parlamento para pedir la reducción —pero no el aumento— de los gastos públicos. Y en esta fase histórica del Derecho constitucional nadie duda que el «fundamento jurídico» del derecho al establecimiento del impuesto se encuentra precisamente en los gastos a los que ha de hacer frente el soberano para el funcionamiento del Estado y en la *generalis ratio contribuendi ad dandum principi... auxilium ad pubblicas expensas* (Suárez).

Después, con el triunfo del Estado democrático y del principio del autogobierno, el *derecho al establecimiento* del impuesto parece disolverse por confusión y quedar absorbido en la «soberanía financiera», asumida ahora por el mismo pueblo convertido en soberano.

Pero en realidad, el conflicto entre el interés del ente público como tal y el interés común de los contribuyentes continúa existiendo: bien sea porque objetivamente se contraponen el interés a un mínimo de impuesto, común a todos aquellos que se ven llamados a pagarlo, y el interés a un máximo de ingresos que el ente público interpreta y representa (de donde surge el problema de la elección entre los distintos medios financieros —impuesto, crédito público, ingresos patrimoniales, etc.— utilizables para proveer a las necesidades financieras), bien sea porque subjetivamente no coinciden las colectividades de las personas físicas titulares del uno y el otro interés. El ente público representa la suma de los intereses de toda la continuidad de sus miembros presentes y futuros, mientras que, por contra, la colectividad de los deudores del impuesto no coincide ni siquiera con la colectividad de los miembros presentes y representados *uti univèrsi* por el ente público. En efecto, los impuestos no gravan ni solo ni a todos los súbditos del ente impositor, puesto que incluso se da el caso límite de impuestos cuyos sujetos pasivos son únicamente personas que *no forman* parte del ente público, aun estando cointeresadas en el funcionamiento de sus servicios (piénsese en el impuesto sobre el capital de las sociedades extranjeras y en el impuesto de residencia temporal).

De nuevo es oportuna aquí la comparación con cuanto sucede en el seno de las grandes sociedades anónimas, en las cuales, como bien sabe quien tenga alguna práctica de balances y de juntas generales, se produce precisamente, con frecuencia de manera latente pero a veces también abierto y declarado, el conflicto entre los administradores, de un lado, que se hacen intérpretes del interés permanente y supraindividual de la sociedad en una política de dividendos bajos con el fin de lograr una consolidación financiera cada vez mayor, una más segura estabilidad de los beneficios y el progresivo desarrollo de la empresa, y de otro lado, la masa de los actuales titulares de acciones, sensibles sobre todo al interés individual y contingente de hacer máximo el dividendo inmediatamente obtenible.

b) Pero superado aquel primero y superior conflicto —que en el plano público tiende a resolverse dentro del ámbito del Derecho constitucional a través de una apropiada regulación de las formas y las cargas con las que deberá determinarse y condicionarse el establecimiento y el destino del impuesto—, nos encontramos con el *otro* conflicto, que se desarrolla *dentro del círculo de los sujetos deudores del impuesto:* verbigracia, el conflicto entre los intereses individuales de los distintos contribuyentes en contraste *interno* entre sí, al tratar cada uno de descargar sobre los demás la mayor cuota posible de la deuda. Este es el conflicto que debe resolverse a través del justo *reparto* del impuesto y que precisamente atribuye a la ley impositiva la función típica —que es función jurídica— de *ley de reparto,* a cuya función corresponde la intuición del impuesto como *cuota* individual de una deuda común y divisible. Intuición francamente expresada en el nombre originario —de otra parte todavía usado también por el legislador[6]— de «contribución» y que se encuentra además acuñado en la proclama a los franceses de la Asamblea constituyente para la contribución patriótica, redactada por Mirabeau en 1789: «el impuesto es *una deuda común* de los ciudadanos...».

9. Una breve observación del mecanismo económico financiero sirve para perfilar estos conceptos de «contribución» y de «cuota», que resultan decisivos para la teoría jurídica del impuesto y ciertamente para el exacto planteamiento del problema del «impuesto justo».

El funcionamiento de un ente público supone, por un lado, un determinado conjunto de gastos, y, por otro lado, afecta de distinto modo a un determinado círculo de sujetos, que no siempre son todos y solamente los que componen la colectividad organizada en el ente.

---

6 Cfr. el propio artículo 30 del Estatuto y ahora el artículo 1 del Decreto-ley de 19 de diciembre de 1926, núm. 2132; y el artículo 11, núm. 4 del Real Decreto-ley de 14 de septiembre de 1931, núm. 1175.

Para la cobertura de aquellos gastos se pueden imaginar diversos mecanismos económico-jurídicos, que en la práctica se integran y completan recíprocamente:

1.° El ente público puede exigir a los distintos beneficiarios —en todo o en parte— el equivalente al enriquecimiento que les ha proporcionado individualmente esta o aquella determinada prestación del ente público. Es el mecanismo del llamado *tributo o contribución de mejora,* cuyo fundamento jurídico reside precisamente en el *enriquecimiento* del deudor a expensas del ente público. Adviértase que la contribución de mejora presupone no tanto la divisibilidad de la prestación del servicio público —el cual puede resultar indivisible al menos con relación a un círculo más o menos amplio de los interesados—, cuanto la circunstancia de que el servicio público se traduzca más en una simple «utilidad», en un verdadero y propio *incremento de riqueza individual* concretamente identificable que el particular, por tanto, pueda ser obligado a restituir en todo o en parte al ente público.

2.° El ente público puede condicionar el derecho de los particulares a las prestaciones públicas al pago de una determinada suma, Y entonces aparece el mecanismo de la *tasa* o el *precio* (privado, cuasi privado o público), cuyo fundamento jurídico común se halla en el *consentimiento,* a través del cual el particular acepta voluntariamente el intercambio entre dinero y servicio público.

Esto significa que tasa y precio prescinden de la determinación del enriquecimiento, pero presuponen, en cambio, por un lado, la *divisibilidad* del servicio público —es decir, la posibilidad de fraccionar la prestación en unidades de consumo distintas e independientes—, y por otra lado la *libertad* del particular de demandar o no determinadas unidades del servicio público[7].

La diferencia *jurídica* entre tasa y precio consiste, después, en que en la tasa la carga va ligada *al acto unilateral* del consumo voluntario de un determinado servicio público, mientras que en el precio el intercambio se realiza mediante el *sinalagma contractual* entre prestación y contraprestación[8].

---

7 La «espontaneidad» del pago —que, sin embargo, no coincide del todo con el concepto apuntado en el texto de la demanda voluntaria y libre del servicio público— se adopta como elemento diferenciador de la tasa en un estudio de A. Berliri en curso de publicación sobre la distinción entre impuesto, tasa y monopolio, realizado esencialmente en el plano exegético de nuestro Derecho positivo.

8 En cambio es *jurídicamente* irrelevante la circunstancia de que la contraprestación resulte, según los casos, inferior o superior al coste o al que podría ser el valor de cambio del servicio en el mercado libre. Sobre cuya circunstancia, como es sabido, los economistas suelen distinguir en el plano económico la tasa del monopolio y del precio, y el precio en privado, cuasi privado y público.

3.° Pero la aplicación de contribuciones especiales, tasas y precios todavía deja inevitablemente descubierta la parte más importante de los gastos de funcionamiento del ente público, para cuya cobertura no queda, en consecuencia, otro medio que el *reparto entre todos los interesados en la existencia y el funcionamiento del ente,* sean o no los sujetos que lo constituyen como miembros.

Y este es el mecanismo económico-jurídico de la «*contribución*»: por lo que el impuesto no es, en esencia, sino *la cuota individual de contribución a la cobertura del gasto residual de funcionamiento del ente público, debida por los particulares cointeresados en función de determinados hechos o situaciones asumidos como índices de reparto.*

En correspondencia con lo que acaba de señalarse, el fundamento ético-jurídico del impuesto debe buscarse en la *relación de interés,* por la cual los contribuyentes se hallan ligados a la existencia y al funcionamiento del ente público que en su interés inescindible, o asumido como tal, ejerce determinadas funciones.

Es el *principio del interés,* inspirador de la antigua ley *Rhodia de jactu,* en cuya virtud, como Paulo recordaba, «cavetur ut si levandae navis gratia jactus mercium factus est, *omnium contributione sarciatur quod pro omnibus datum est*» (L. 1, Dig., XIV, 2), puesto que «placuit *omnes quorum interfuisset jacturam fieri conferre oportere*» (L. 2. 2 ibíd).

Es el principio por el cual en la gestión de negocios ajenos «el interesado debe... reembolsar al gestor todos los gastos necesarios o útiles» (Código civil, artículo 2.031). Y es, como veremos enseguida, el mismo principio que regula las «contribuciones» en los consorcios y carteles y que se encuentra en la base del reparto de muchos gastos en la avería común y en el condominio.

10. De lo cual, entre otras cosas, se induce la fundamental *unidad jurídica* de todo el sistema impositivo, debiéndose considerar en realidad los distintos tributos (impuesto sobre los terrenos, sobre los edificios, sobre las utilidades de la riqueza mobiliaria, sobre los consumos, sobre los ingresos, complementario, etc.), solamente como otras tantas aplicaciones interdependientes de una *contribución pública única,* y casi como otros tantos títulos de una ley única, por medio de los cuales el reparto individual queda oportunamente referido a distintos índices de reparto (que son, según los casos, la renta de la tierra, la renta mobiliaria, el consumo, el ingreso, etcétera).

También se induce de lo dicho que en toda ley impositiva, junto a la determinación de los sujetos pasivos de la «contribución» —que llevará consigo la referencia a determinados hechos o situaciones de los que se hace depender la condición de «contribuyente»—, siempre deberá figurar la determinación de los correspondientes *índices de reparto,* es decir, de los hechos o situaciones de los que depende la determinación de la *cuota* contributiva a cargo de cada particular y a la que corresponde la deuda impositiva individual. Hechos y situaciones, por tanto, que no tanto tratan de resolver el conflicto de intereses *externo* entre ente público y contribuyente, cuanto el conflicto *interno* entre contribuyentes, determinando precisamente la relación relativa de participación individual en la «contribución» común[9].

11. Adviértase que cuando más arriba hemos configurado la contribución especial, la tasa y el impuesto como otros tantos mecanismos *para la cobertura* de los gastos de existencia y funcionamiento del ente público, y cuando, en particular, hemos definido el impuesto como *la cuota individual de contribución a la cobertura del gasto residual del propio ente,* se ha tratado de determinar la *función jurídica,* pero con ello no se ha pretendido en absoluto descubrir un elemento constitutivo del concepto jurídico de contribución especial, de tasa o de impuesto con el *fin práctico* para el que se establecen o en el destino efectivo de los correspondientes rendimientos. Aquí está fuera de duda que ni el fin práctico ni el destino efectivo pueden servir para definir un instituto jurídico en el plano dogmático. Y de otra parte, no es raro que con la contribución especial, la tasa y el impuesto suceda el mismo fenómeno que en el campo del Derecho privado ha sido hace poco ampliamente estudiado bajo el nombre de «negocio indirecto», o sea, el fenó-

9 La distinción entre hechos constitutivos de la obligación de contribuir y hechos-índices determinantes de la cuota individual de reparto, se difumina a veces, en el plano hermenéutico, cuando, como sucede con frecuencia, los mismos hechos asumen a la vez las dos funciones. Pero otras veces emerge en este plano. A título de ejemplo:

a) en el *impuesto extraordinario sobre el capital de las sociedades anónimas* (Decreto-ley de 19 de octubre de 1937, núm. 1729, convertido en la Ley de 13 de enero de 1938, núm. 19), la obligación contributiva iba unida a la existencia de la sociedad el 5 de octubre de 1936, con un capital imponible llamado «nominal» valorado según determinadas reglas, mientras que la determinación de la cuota de reparto dependía del llamado «imponible efectivo», referido esencialmente al valor de mercado de las acciones determinado a efectos de la tasa de negociación para el año 1937;

b) en el *impuesto de riqueza mobiliaria,* la obligación contributiva va unida a la percepción *actual* de una renta (y de ahí el instituto de la supresión del impuesto en el momento mismo en que cese *por completo* la percepción de rentas de las categorías B y C), mientras que la cuota de reparto se determina en base a la renta media efectivamente obtenida *en un período anterior* (el llamado período de liquidación). De tal suerte que la existencia actual de una renta de pocos miles de liras puede bastar para mantener viva la obligación de pagar el impuesto, liquidado sobre una renta de muchos millones;

c) de modo análogo, en el *impuesto complementario* los hechos que generan la suspensión total o proporcional de la obligación de contribuir (falta de la renta de trabajo —muerte de un miembro de la familia—, pérdida o infructuosidad sobrevenida *total* de un activo), son distintos de los que determinan, mientras existe dicha obligación, el importe de la cuota (liquidada sobre la renta global imponible del período de referencia);

d) el *impuesto de familia* se determina cuantitativa e individualmente sobre el «nivel de vida de la familia», pero la obligación de contribuir solo puede imponerse cuando la población del Municipio supere los 30.000 habitantes.

meno en cuya virtud un determinado instituto jurídico se utiliza para un *fin práctico* distinto del que formal y naturalmente corresponde a la *función jurídica* propia del instituto.

Un contrato de venta con pacto de retro puede utilizarse en lugar de una simple constitución de hipoteca como vestidura jurídica de una relación económica de garantía; un contrato de doble sobre títulos puede funcionar económicamente como un préstamo con garantía prendaria; un contrato de sociedad puede contener una relación económica de puro y simple condominio, y así sucesivamente.

Del mismo modo el Estado puede utilizar los institutos jurídicos de la contribución especial, la tasa o el impuesto para un *fin práctico* totalmente distinto de la financiación de los gastos públicos.

Si se quiere impedir o reprimir una determinada actividad, pongamos el despacho de alcoholes o la gestión de casas de juego, se puede alcanzar ese fin declarando sin más ilícita una u otra actividad y sancionando, en consecuencia, la prohibición con una determinada *pena* (que podrá ser privativa de libertad o solo pecuniaria). Pero también se puede declarar lícito el despacho de alcoholes o la gestión de casas de juego solo cuando se realicen bajo un determinado control gubernativo, y al mismo tiempo condicionar la prestación de control al pago de una *tasa* muy elevada, que podrá alcanzar un importe prácticamente prohibitivo. En fin, también se puede establecer simplemente que los titulares de los despachos alcohólicos o de casas de juego deban concurrir al reparto de los gastos públicos en base a una alícuota de la renta o del ingreso *(impuesto)* que en la práctica podrá ser tan prohibitiva como la tasa y quizá más que la misma pena pecuniaria.

12. Este mismo ejemplo, mientras confirma que el fin práctico no puede ser un elemento decisivo del concepto jurídico de impuesto, demuestra asimismo que bien puede serlo, en cambio, la *función jurídica,* que es la de repartir entre todos los interesados el gasto residual de funcionamiento del ente público no cubierto por las otras fuentes de ingresos.

En efecto, en las tres hipótesis antes formuladas, era idéntico el *fin práctico* para el que se emplea, en cada caso, una pena, una tasa y un impuesto. Pero era distinta la *función* del instituto utilizado como instrumento jurídico para alcanzar el fin, es decir, el *modo de funcionar* del mecanismo: la función de la *pena* seguía siendo la de sancionar un acto calificado como ilícito, la función de la *tasa* la de condicionar a la carga del pago de una suma la prestación de una determinada actividad del ente público, y la función del *impuesto* la de llamar a determinados sujetos a participar, según ciertos índices de reparto, en la contribución a los gastos públicos[10].

---

10 Adviértase que así como el Estado puede usar los institutos jurídicos del impuesto, de la tasa y de la contribución especial para un fin práctico distinto de la pura y simple recuperación de los gastos públicos, viceversa, del mismo modo puede también alcanzar el fin

Y por esto el impuesto se diferencia netamente de las otras obligaciones *ex lege:*

- por su específico *fundamento ético-jurídico,* que así como es la culpa en las obligaciones *ex delicto,* o el *cuius comoda eius incommoda* en la responsabilidad objetiva, o el vínculo de parentesco en las relaciones de alimentos, en la contribución, y, por tanto, en él impuesto que es cuota de la misma, es la relación de interés en la existencia y el funcionamiento del ente colectivo[11];
- por su específica *función,* que es la de *repartir* entre todos los interesados el deber de hacer frente al gasto efectuado en el interés inescindible de todos, y,

---

práctico de sostener los gastos públicos con otros mecanismos distintos de la contribución especial, de la tasa y del impuesto.

Es decir, puede no ya recuperar los gastos de su propio funcionamiento, sino procurarse ingresos independientes por completo de los servicios públicos y emplearlos después en la práctica para financiar los gastos: y entonces, por la parte de gasto así cubierta, ya no tendrá necesidad de *recuperar* de nadie. El más conocido e importante de estos mecanismos consiste en constituir sus propias y adecuadas fuentes de renta. Son los llamados ingresos patrimoniales, los cuales, *en el plano jurídico,* se distinguen del precio de los servicios públicos en que la prestación mediante la cual obtiene el Estado la renta patrimonial, no constituye un servicio público, y por tanto su solicitud no constituye, a diferencia de lo que sucede con los servicios públicos, un derecho público del ciudadano.

Es sabido que los economistas valoran de diverso modo, y en conjunto con desconfianza, el sistema patrimonial. En el plano jurídico debemos decir que es, sin duda, el menos idóneo para la consecución de una justicia financiera: sobre todo porque, rota la relación entre la aportación de los ingresos y la participación en los servicios públicos, desaparece la posibilidad de utilizar la primera para equilibrar las inevitables deformidades de la segunda.

Junto al patrimonio, otras fuentes de ingresos independientes de la recuperación de los gastos públicos pueden ser las penas pecuniarias, la expropiación y la confiscación de los bienes de los particulares. Otros tantos mecanismos que se diferencian del impuesto no ya por el *fin,* ni por la presencia de una contraprestación (que falta en la confiscación y en la pena y puede ser inadecuada en la expropiación, mientras, por contra, puede existir en el impuesto: por ejemplo, el empréstito forzoso), sino principalmente porque, a diferencia del impuesto, la obligación con la que coactivamente se grava al particular *no constituye una cuota de reparto,* sino el objeto de una simple relación bilateral Estado-deudor, por lo que el «presupuesto de hecho» al que va unida no tiene carácter de *índice,* sino que es pura y simplemente el hecho constitutivo y —en el sentido clásico de la expresión— la *causa* de la obligación. Cuyo fundamento jurídico está no ya en el interés por la existencia o el funcionamiento del ente público, sino, según los casos, en el derecho de penar o en el estado de necesidad.

11 Ya hemos advertido que en algún ordenamiento positivo puede suceder que el legislador, a veces, se vea inducido a utilizar un determinado instituto jurídico para la consecución de fines prácticos distintos de los que fisiológicamente le son propios, extendiendo su aplicación, con una especie de ficción legal, a supuestos de hecho que, bajo un examen sereno, no ofrecerían elementos suficientes para justificar la aplicación del principio ético-jurídico regulador del instituto en el plano dogmático.

– por su específica *estructura,* la cual se caracteriza por el hecho de que la contribución pública no resulta de la simple yuxtaposición de tantas distintas e independientes relaciones *bilaterales* ente público-sujeto pasivo del impuesto cuantos son los contribuyentes, sino que, por el contrario, es *una única* relación jurídica *plurilateral,* que comprende a la vez al ente público y a *todos* los contribuyentes *uti singuli,* y que está constituida por la combinación del deber de contribuir, común y divisible entre todos los interesados en el funcionamiento del ente público, con el derecho individual de cada contribuyente a que la contribución se reparta y cumpla internamente según la respectiva cuota. De donde se desprende la necesaria distinción en la economía jurídica del mecanismo del impuesto, entre presupuestos de la calificación del sujeto pasivo de la contribución y *hechos índicos* determinantes de la *cuota* individual: los cuales quedan definidos como una categoría lógico-jurídica particular al ser asumidos por la norma como índices legales (y, por tanto, con carácter del todo afín al de las *pruebas legales)* que miden la relación relativa de coparticipación en la contribución.

En realidad el paralelo del impuesto en el campo del Derecho privado hay que buscarlo, mucho más que en la obligación *ex delicto* o en la responsabilidad objetiva, o en la obligación de alimentos y en general en la obligación *ex lege,* en la gestión de negocios realizada en interés de una colectividad de interesados, y en particular en las «contribuciones» a cargo de los distintos partícipes en un consorcio (cfr. artículo 2.603 del Código civil, las cuales, nótese, también pueden ser obligatorias y en cuanto tales establecidas por ley.

13. Rebasaría ahora los límites y los propósitos de estas notas el profundizar y desarrollar de manera más amplia estos rasgos del concepto jurídico de impuesto en sus próximas y remotas aplicaciones sustanciales y procesales. Lo que se quiere subrayar aquí, en cambio, es que el concepto fundamental del impuesto como cuota individual de reparto del gasto público residual entre todos los interesados en la existencia y el funcionamiento del ente público, contiene la clave para orientamos en el planteamiento del problema del impuesto «justo», que es el problema del *índice* justo que debe establecerse para la determinación cuantitativa de la cuota, cuando el reparto no se dirija a otro fin práctico que el que corresponde naturalmente a la función jurídica del impuesto de cubrir el gasto de los servicios públicos.

Si efectivamente el fundamento ético-jurídico del deber de contribuir está en el interés por la existencia y el funcionamiento del ente público, *será precisamente la medida de ese mismo interés la que proporcione el índice «justo» del reparto interno del deber entre los distintos coobligados.*

Por lo demás, este no es un descubrimiento peregrino, ya que la primera de las cuatro célebres reglas de Adam Smith no se limitaba —como se suele limitar la cita— a enunciar el principio de que «los súbditos deben contribuir a sostener al Gobierno en cuanto les resulte posible a cada uno en proporción a sus facultades, es decir, en proporción a la renta de la que disfrutan bajo la protección del Estado», sino que añadía acto seguido: «el gasto del Gobierno es a los sujetos de un gran Estado lo que los gastos de administración son a los propietarios de un gran fundo, *todos los cuales están obligados a contribuir a estos gastos en proporción a los intereses que respectivamente tienen en ese fundo*».

14. Sucede, sin embargo, que por el hábito de observar los fenómenos económicos bajo la forma del *cambio*, aquellos antiguos economistas se vieron inducidos a concebir el impuesto como el precio del *consumo* individual de los servicios públicos (teoría de las «contraprestaciones»), y por ello a confundir el *interés* en la existencia y funcionamiento del ente público con el «beneficio» efectivamente recibido por cada sujeto en el acto del consumo de los servicios públicos. Mas, planteados de este modo, sus esfuerzos estaban destinados al fracaso ante la imposibilidad de determinar en concreto este «beneficio» efectivo en la mayor parte de los servicios públicos, a la cobertura de cuyos gastos está específicamente destinado el impuesto.

«La búsqueda de la equivalencia entre impuesto pagado por los distintos contribuyentes *y beneficios recibidos por cada uno de ellos* en virtud de los servicios públicos, es absurda. Si la búsqueda fuese posible, sería inútil discurrir sobre impuestos, porque estaríamos en el campo de los precios públicos o de las tasas» (Einaudi).

«Si los servicios públicos que se financian con los impuestos revisten la característica esencial de ser indivisibles entre los ciudadanos, en el sentido de que no puede determinarse *el beneficio específico individual que cada uno de ellos obtiene de los mismos*, es obvio que hay que renunciar a repartir el coste de tales servicios, es decir, el impuesto con arreglo a la utilidad comparativa de los consumidores» (Masci).

Estos son los términos del razonamiento mediante el cual los economistas, liquidando la *benefit theory*, se resignaron definitivamente a desligar el impuesto de los servicios públicos, con las inevitables consecuencias de las que se hizo mención en el capítulo anterior.

15. En verdad, el jurista ya tendría algo que objetar acerca del valor lógico de la premisa de aquel razonamiento —esto es, que la «*indivisibilidad*» de un servicio es sinónimo de absoluta indeterminación del beneficio específico que efectivamente obtiene del mismo cada sujeto, y que, en consecuencia, es «absurda» la pretensión de determinar cuantitativamente sobre aquel beneficio el reparto del gasto.

En particular, podría objetarse que la indivisibilidad es una característica que, rigurosamente entendida en el sentido de no susceptibilidad de fraccionamiento, corresponde al *acto de la prestación* y utilización del servicio, pero nunca al *beneficio* que resulta del servicio y que, por su naturaleza, necesariamente es siempre no tanto divisible cuanto individual, sin más, al no poder ser sustancialmente otra cosa, sino algo más de placer o algo menos de dolor.

Por contra, el «beneficio» puede resultar *solidario o interdependiente,* en el sentido de que al beneficio de uno acompañe necesariamente, o se una más o menos directamente el beneficio de otro.

En concreto, no es posible prestar individualmente frente a un solo ciudadano el servicio de la defensa exterior, del orden público o de la higiene, que por consiguiente no pueden lógicamente concebirse funcionando en distintas unidades de prestación y de consumo *(indivisibilidad).* Todavía hay más: no es posible que el orden público proporcione beneficio a un ciudadano sin que al mismo tiempo proporcione un beneficio análogo, *si bien diverso y distinto,* a todos los demás miembros de la colectividad *(solidaridad),* y sin que el beneficio directo de cada uno, al traducirse en mayor productividad y sociabilidad, se traduzca en un ulterior beneficio, indirecto de los demás *(interdependencia).*

De lo que se deduce que es imposible fraccionar la *prestación* de los servicios públicos indivisibles en *unidades de consumo* particulares, y, por tanto, ligar a cada unidad de consumo particular la valoración de beneficio individual, como sería necesario si se quisiese aplicar a la cobertura del coste el mecanismo jurídico del *precio* o de la *tasa.* Y esta es verdaderamente una imposibilidad lógica —al estar implícita en el concepto de indivisibilidad—, y, por tanto, *absoluta.* Mas, por contraposición, la reafirmada posibilidad de identificar tan siquiera el beneficio individual de los servicios indivisibles puede, todo lo más, expresar una dificultad *práctica,* por eso mismo *relativa* y susceptible de ser superada con un mayor o menor grado de aproximación.

Tan cierto es ello, por lo demás, que precisamente sobre la posibilidad de discriminar, si bien con amplia o amplísima aproximación, el beneficio individual de los servicios públicos indivisibles, se desarrolla entre los propios economistas la teoría de la «capacidad contributiva relativa» (D'Albergo), fundada sobre la investigación de las «ventajas preferenciales», y, en definitiva, la misma teoría de los «impuestos especiales». Ha sido además un economista, entre los más claros e ilustres, quien ha señalado el equívoco de creer «necesario contraponer al impuesto pagado una cuota parte de servicios públicos *consumida* por cada ciudadano en particular, mientras qué basta contraponer la valoración individual del impuesto pagado o por pagarse a la *valoración individual* del servicio público general» (De Viti de Marco).

16. Ahora bien, para nuestros fines basta admitir —como se debe admitir— que la valoración objetiva del «beneficio» individual efectivamente obtenido de los servicios públicos indivisibles, pueda resultar en la práctica tan difícil que se considere técnicamente, si no lógicamente, imposible; o que, simplemente, la utilidad de un servicio indivisible no se traduzca en un concreto incremento de riqueza recuperable, con la consiguiente imposibilidad de recurrir al principio jurídico del consentimiento (tasa, precio), o al del enriquecimiento (contribución especial).

Es en este punto donde el jurista todavía ha de añadir que los mencionados caracteres de indivisibilidad de la prestación, de solidaridad e interdependencia del beneficio individual, así como la imposibilidad técnica de valorar la entidad concreta del beneficio mismo, no son en absoluto peculiares y exclusivos de los servicios que interesan a las colectividades de Derecho público, sino que se encuentran idénticos en muchos servicios prestados en el ámbito de colectividades de Derecho privado; respecto de los cuales, sin embargo, nadie ha puesto en duda nunca que el reparto de los gastos correspondientes se deba y se pueda realizar, y se realice de hecho, como un fin en sí mismo y según justicia.

Piénsese en un servicio de vigilancia forestal o campestre organizado por un consorcio de propietarios; en el servicio de propaganda de un lugar de recreo organizado por un consorcio hotelero; en los gastos de publicidad genérica de un producto por parte de un «cartel» de fabricantes; en la instalación y mantenimiento de un ascensor o de un pararrayos o en el servicio de luz o de portería de una comunidad de propietarios; en algunas hipótesis de avería común (gastos y daños ocasionados por el servicio del buque en ruta). Y sería fácil multiplicar los ejemplos.

En cada una de estas hipótesis el reparto del gasto está regulado de distinto modo por contrato o por ley, y, según los casos, se determinará cuantitativamente sobre la extensión de los fundos integrados en el consorcio; la potencialidad y los ingresos y las rentas netas de las distintas empresas; el valor de los diferentes pisos que se integran en la comunidad de propietarios o la cantidad de mercancías cargadas en el buque. Pero una breve reflexión persuade de que en todos los casos la regulación del reparto se inspira en un principio de justicia único y común, que es precisamente el *principio del interés* y que se enuncia en estos términos:

> *Siempre que resulte imposible determinar bien sea el coste del consumo individual o el enriquecimiento efectivamente experimentado por los sujetos, el reparto del gasto de los servicios prestados en interés de una*

colectividad de sujetos va referido a la cuota individual del interés en la prestación del servicio:

17. Ya es sabido que el concepto de «interés» constituye el gran puente de paso del mundo de la economía al mundo del Derecho, En cuanto tal, los juristas lo han hecho objeto de profunda y meditada atención, colocándolo en el centro de la teoría general del Derecho.

Sin necesidad de realizar aquí una nueva exposición analítica y de entrar a discutir sobre estos estudios, lo cual resultaría fuera de lugar, creo que a efectos de nuestros razonamientos se puede acoger sin más la definición del interés como *la relación entre un sujeto* (el titular del interés) *y un bien de la vida* (una cosa o un comportamiento ajeno, indiferentemente), *que revista para aquél una utilidad cualquiera según la valoración de la conciencia económico-social.*

Como es evidente, la diferencia entre el «beneficio», frente al cual se detuvieron los economistas, y el *interés por la realización de un servicio,* con el que opera el jurista, reside esencialmente en que:

a) el «beneficio» constituye un *post* respecto al servicio, mientras que el interés constituye un *prius;*

b) el «beneficio» es un hecho que postula la *efectiva* utilidad del servicio, mientras que el interés es una relación, un estado de tensión que se refiere a una simple *representación* y *previsión* de utilidad del servicio;

c) el «beneficio» toma en consideración los *efectos concretos* del servicio en la economía individual, mientras que el interés decisivo para el justo reparto atiende a la realización —e incluso, como sucede frecuentemente, a la simple *posibilidad de realización*— del servicio, y, por tanto, considera los efectos del mismo *en potencia* y no en acto;

d) el «beneficio», en el concepto de los economistas, se refiere a una valoración necesariamente *subjetiva,* mientras que el interés se refiere por definición a una valoración objetiva por parte de la conciencia económico-social.

18, De las proposiciones anteriores es fácil deducir esta doble conclusión:

1.° que el principio regulador del justo reparto de los gastos de un servicio colectivo no es un principio de justicia conmutativa, sino un principio de justicia *distributiva,* concebido, por tanto, no ya sobre la equivalencia entre *cantidad* de sacrificio (del impuesto), y del beneficio (del servicio), sino sobre la correspondencia entre *relaciones* de sacrificio y *relaciones* de interés;

2.° que cualesquiera que puedan ser las, dificultades o la imposibilidad práctica de determinar el beneficio subjetivo efectivamente obtenido de un servicio colectivo cualquiera, siempre será posible, en cambio, determinar *los criterios objetivos en función de los cuales la conciencia económico-social común valora el aumento o la disminución del interés individual por la realización del servicio.*

Puede ser prácticamente imposible determinar el beneficio que este o aquel partícipe en un consorcio de propietarios ha experimentado efectivamente por un servicio colectivo de guardias rurales. Pero resulta evidente, de manera inmediata, que, *coeteris paribus,* el interés en la prestación del servicio estará en función de la superficie de los respectivos fundos: con la consecuencia de que el gasto deberá repartirse según justicia de tal modo que la cuota individual resulte precisamente, *coeteris paribus,* en función de la superficie.

Puede ser imposible establecer el número de veces que los distintos copropietarios disfrutarán de la vista de un bello jardín y el beneficio que obtendrán de ese acto; pero resulta evidente de inmediato que, *coeteris paribus,* el interés por la vista sobre el jardín está en relación proporcional al número de ventanas que dan sobre el mismo.

Puede ser imposible determinar el beneficio que cada uno de los propietarios de las mercancías embarcadas en un buque han experimentado al levar anclas, o el beneficio que habrían podido obtener por el encargo confiado a los hombres desembarcados «para el servicio del buque» y por cuya liberación ha sido necesario pagar un rescate. Pero no hay duda de que el interés individual por la realización de todos los servicios que afectan a la expedición está en función, esencialmente, del valor de las mercancías embarcadas.

19. Esta aptitud del principio del interés para resolver en justicia los conflictos de reparto en el ámbito de las colectividades de Derecho privado, vale también —aunque la determinación de los criterios idóneos para la valoración del interés pueda resultar, quizá, más compleja— para los servicios colectivos que se prestan en el ámbito de las colectividades de Derecho público.

La cuantía de la renta individual y las diferentes características de las fuentes de donde se obtiene; la cuantía y la composición del patrimonio; la importancia y el tipo de consumo; la composición familiar, la residencia en la ciudad o en el campo, la edad, etcétera, son otras, tantas variables a las cuales es fácil ligar la variación del interés individual en la prestación de los distintos servicios públicos o grupos de servicios públicos. Es cierto que puede resultar difícil llegar a establecer *todas* las variables y a determinar para todas el coeficiente relativo de influencia sobre la variación del interés, pero esto es igualmente cierto para los servicios colectivos públicos y para los de las colectividades privadas. Sin embargo, esta dificultad se traduce solamente en una necesaria aproximación en la valoración de las relaciones de interés, que ciertamente no basta para suprimir la legitimidad, ni la aplicabilidad, ni la utilidad del principio del interés. Reconocido, por ejemplo, que *coeteris paribus* el interés de los partícipes en un consorcio de propietarios por la prestación de un servicio de vigilancia rural, está en función de la extensión de los fundos y de la clase de cultivo, detenerse aquí para determinar el reparto del gasto en función *solamente* de esos dos criterios, significará haber hecho justicia con una cierta aproximación; puesto que se habrá olvidado tener en cuenta que una variación del interés puede depender *también* de la lejanía o proximidad a la vía pública, de la abundancia de caza en el fundo, de la existencia o inexistencia de viviendas y, todavía de la consistencia patrimonial de cada propietario, de su composición familiar, de sus hábitos peculiares, y así sucesivamente.

¿Pero quién se atrevería a concluir que la dificultad, o incluso la imposibilidad, de tener en cuenta *todos* los coeficientes y su relación de influencia relativa, justifica que, sin más, el gasto se divida por partes iguales, o con un criterio «político» sin tener en cuenta de ningún modo al menos aquellas variables cuya identificación e influencia están fuera de toda duda?

20. En conclusión la teoría jurídica del impuesto (o mejor, de la contribución pública), referida al principio del interés, se resume en estas dos proposiciones bastante simples:

1.ª el deber de contribuir constituye no ya un *posterius,* sino un *prius* respecto a los servicios públicos «indivisibles», o que se quieren considerar tales por razones técnicas, económicas o políticas. Por tanto, el impuesto no es la prestación que el contribuyente debe *en cuanto consumidor* ni en cuanto *beneficiario* de los efectos del servicio, sino, por el contrario, la cuota mediante la cual, como interesado en la existencia y funcionamiento del ente público, debe contribuir a constituir el medio financiero para el desarrollo de aquella actividad colectiva en la que está individualmente interesado;

2.ª la medida del impuesto «justo» —mejor, de la cuota justa de contribución— es aquella que corresponde a la cuota relativa de *interés* del particular en orden a la prestación de los servicios públicos.

21. En este punto se abre para los técnicos una investigación amplia y seductora, que corresponde en un todo a la tarea que precisamente los técnicos están llamados a realizar cuando se trata de establecer en concreto los criterios del reparto justo de los gastos de un consorcio, de un cártel, de un condominio, de una cooperativa, y otros semejantes. Es la investigación dirigida a determinar las distintas y principales *variables* a las que, en la valoración de la conciencia económico-social

común, se liga lógicamente la variación del interés individual por la prestación de los servicios públicos, así como las relaciones de importancia relativa entre las variables establecidas. De esta investigación dependerá racionalmente la elección de los llamados *hechos imponibles*, y a la vez la relación de presión de los distintos impuestos determinados cuantitativamente sobre las distintas, categorías de hechos imponibles.

La mayor o menor aproximación del reparto a una justicia perfecta dependerá de la finura de la investigación técnica, la cual, en el límite teórico, solo podría decirse agotada cuando para cada servicio en particular se hubieran determinado *todas* las posibles variables y para cada variable se hubiese determinado el coeficiente relativo de influencia. Pero muy lejos todavía de ése límite teórico, una mayor finura en la investigación, necesaria y útil, queda circunscrita dentro de límites que la hacen perfectamente utilizable y razonable y que vienen dados por la aproximación de sensibilidad de la conciencia económico-social —más allá de la cual sería, no solo inútil, sino también dañoso proceder—, y por la inevitable y todavía más grosera aproximación en la determinación de los hechos imponibles, más allá de la cual queda absorbida una mayor finura de la investigación técnica.

En la práctica, por tanto, se tratará solamente de determinar para grupos más o menos amplios de servicios públicos las principales variables que la conciencia económico-social común, es decir, la sensibilidad jurídica del hombre medio, el llamado hombre de la calle, es capaz de apreciar, y con aquella aproximación en la valoración de los coeficientes relativos de influencia que la misma conciencia económico-social es capaz de controlar.

Los resultados de esta investigación analítica permitirán después, en síntesis, la solución del problema de la *integración* de los ingresos financieros en general y de los impuestos en particular, que es, además, el problema de cuya solución depende que se pueda hablar verdaderamente de un «sistema» tributario.

Si se piensa que hoy, sobre la base de las distintas teorías del «sacrificio» o de la «capacidad contributiva», se discute ciertamente de manera interminable, con el auxilio de curvas parabólicas, de integrales y de derivadas, la alícuota de este o aquel determinado impuesto, pero después se deja al mismo tiempo totalmente abandonada a la llamada «intuición política» —y con frecuencia, sin más, al albur—, la relación relativa de presión entre los distintos impuestos, tasas y contribuciones especiales, es fácil convencerse de que se puede recorrer mucho camino, y quizá incluso de manera expedita, por la vía de una mejor justicia tributaria; todo ello para dar a los contribuyentes la sensación de que la ley tributaria ya no es más, como en los tiempos de *l'Etat c'est moi*, la aplicación inescrutable de un *sic volo sic jubeo*, sino el resultado de un estudio atento y honesto, dirigido a realizar, con la aproximación implícita en todo juicio de valoración y de reparto, aquellos mismos principios de justicia a los que nadie sabría renunciar para el reparto de los gastos comunes en una colectividad cualquiera de Derecho privado económicamente organizada.

III

EL ANÁLISIS FUNCIONAL DE LOS GASTOS PÚBLICOS

1. Aunque no queremos anticipar en este lugar la investigación técnica y analítica anunciada en el capítulo anterior, no es posible, sin embargo, dejar de fijar la atención al menos sobre tres variantes, a las que en todo caso deberá referirse esencialmente un ordenamiento fundado sobre la aplicación del principio del interés.

Estas tres variables fundamentales, que después podrán ser eventualmente integradas, en una segunda aproximación, con oportunos coeficientes de corrección, son: la renta, el patrimonio y el consumo. Conceptos bien conocidos y debatidos por la ciencia de la Hacienda, y que sin embargo deberían ser nuevamente estudiados y utilizados por el Derecho financiero, no ya como índices de un presunto consumo de servicios públicos, ni como zonas de «sacrificio» del contribuyente, o como expresión de una abstracta «capacidad contributiva», sino, y exclusivamente, como coeficientes e índices de interés por la prestación de los distintos grupos de servicios públicos. Y en los próximos capítulos se tratará precisamente de esbozar las líneas generales de semejante estudio, aunque sea brevemente y a título de primer experimento.

Mientras tanto urge señalar ahora las razones de la importancia intuitiva de la renta, del patrimonio y del consumo como factores determinantes del interés individual por la organización de los servicios públicos. Y para aprehender tales razones es necesario apelar a la consideración de que la mayor parte, si no ya la totalidad de los servicios públicos comportan, junto a una eventual utilidad *diferenciada* en favor de los distintos contribuyentes o grupos de contribuyentes, una utilidad más general *indiferenciada,* la cual, aunque con frecuencia solo sea indirecta y mediata, constituye la razón de ser esencial del servicio público. Es más, según la recta enseñanza, solo la cobertura de la parte del coste imputable a esta utilidad indiferenciada debería constituir el objeto preciso del impuesto, reservándose a la cobertura del coste residual imputable a las utilidades diferenciadas los diversos instrumentos de la contribución especial, de la tasa o del impuesto especial[1].

2. Adviértase, entre paréntesis, que cuando se habla de utilidad «indiferenciada» de los servicios públicos, se quiere subrayar que respecto a ella aparece *cualitativamente* uniforme la relación de hecho en la que cada ciudadano se encuentra respecto a la prestación del servicio, lo que no significa; empero, que no pueda resultar *cuantitativamente* diversa para cada particular la utilidad y la medida del correspondiente interés. Ejemplo práctico: el servicio de la instrucción pública es fuente de una utilidad *diferenciada* a favor de quienes reciben directamente las enseñanzas impartidas en las escuelas del Estado; pero también de una utilidad cualitativamente *indiferenciada* para todos los ciudadanos, que si bien en diversa medida se benefician, por un lado, de la mayor productividad de la organización económica colectiva como resultado de los progresos de la ciencia, y por otro lado de una mayor posibilidad de disfrute ambiental, producto de la mayor difusión de la cultura y del nivel social más elevado.

Otros ejemplos; el servicio de la Administración de la justicia civil o el de la seguridad pública, proporcionan una utilidad *diferenciada* a quienes, en concreto, consiguen la reparación del daño sufrido o la recuperación de los bienes perdidos; pero proporciona también, y sobre todo, una utilidad cualitativamente indiferenciada a la generalidad de los ciudadanos, pues todos ellos se benefician, si bien en diversa medida, de las ventajas inherentes a la eficacia preventiva de aquellos servicios y a la consiguiente mejora del orden social.

3. Ahora bien, una breve reflexión basta para afirmar que esta utilidad *indiferenciada* y general —que sin razón se ha reconducido a veces al concepto demasiado estrecho de «indivisibilidad»—, se manifiesta en la economía individual de los contribuyentes esencialmente bajo tres aspectos:

a) Una mejora de las condiciones de producción de la riqueza individual, con relación a aquellos servicios públicos que principal o accesoriamente, por vía directa o instrumental, tienden a defender o incrementar la productividad y, podría decirse, el «rendimiento» del proceso económico colectivo de producción de bienes individuales.

b) Una mejora de las condiciones de *conservación* de la riqueza individual, con relación a aquellos servicios públicos que, principal o accesoriamente, por vía directa o instrumental, tienden a hacer

1 En realidad, los llamados impuestos especiales constituyen instrumentos económicamente distintos pero jurídicamente análogos por completo al impuesto, dejando a salvo la distinta esfera de los sujetos interesados en cuyo ámbito tiene lugar el reparto.

más segura, más fácil o más económica la defensa, la conservación y el intercambio de los bienes individuales.

c) Una mejora de las condiciones de *goce o disfrute* de los consumos individuales, con relación a aquellos servicios públicos que principal o accesoriamente, por vía directa o instrumental, tienden a mejorar el ambiente físico, espiritual o social en el que el i particular desarrolla y goza de su nivel de vida individual[2].

A lo largo de los razonamientos que siguen, y por razón de brevedad, llamaremos función *reproductiva* de los servicios públicos (Stein) a aquella cuya utilidad indiferenciada se manifiesta en forma de una mayor o menos costosa producción de riqueza individual; función *conservativa* a aquella cuya utilidad indiferenciada se manifiesta en forma de una más segura o menos costosa conservación de la riqueza individual, y función *de disfrute* a aquella cuya utilidad indiferenciada se manifiesta en forma de un mayor goce del nivel de vida individual.

4. Adviértase que la *función* de los servicios públicos no debe confundirse con la *forma,* o, si se quiere, con el modo en que se manifiesta el servicio.

Puede ocurrir, por ejemplo, que con el fin de regular mejor y de favorecer la producción en una determinada situación coyuntural, el Estado decida proceder a la constitución y conservación de «stocks» adecuados de materias primas. La *forma* del servicio se exterioriza entonces en una conservación de riqueza: ello no obstante, la *función* sigue siendo, por hipótesis, principal y exclusivamente, la de regular e incrementar el proceso de producción.

Análogo, aunque mucho más frecuente e importante, es el caso en que un servicio público asume la forma de una distribución directa de bienes y servicios al consumo individual: desde la alimentación escolar gratuita al abono de subsidios a los parados, desde la acogida de quienes carecen de vivienda a los espectáculos populares, a la asistencia gratuita a los pobres, y así sucesivamente.

Y bien, parece superfluo señalar que en todos estos casos el verdadero servicio público no es el que se presta «indiferenciadamente» a los distintos consumidores directos de los bienes así distribuidos,

---

2 *Les revenus de l'etat sont une portion que chaque citoyen donne de son bien, pour avoir la sûreté de l'autre, ou pour en jouir plus agréablement.* La enunciación de Montesquieu es ciertamente defectuosa e inaceptable como definición del impuesto, pero responde a la intuición exacta de las que en sus tiempos eran las dos funciones en gran medida principales de los servicios públicos. Junto a ellas, la función « reproductiva» ha adquirido hoy una importancia de primer plano, hasta el punto de relegar al olvido en ocasiones, aunque sin razón, a las otras dos. Esto depende en parte de las nuevas condiciones de la economía de producción, que se apoya cada vez más en los servicios públicos, y en parte de la evolución de nuestra civilización mecánica, que nos lleva a polarizar la atención en el, momento de la producción y la distribución más bien que en el del disfrute de los bienes de la vida.

sino, en cambio, *el prestado indiferenciadamente todos los ciudadanos,* y que, según los casos, consistirá en la mayor difusión de la cultura, en la lucha contra el paro, en la eliminación del vagabundeo o en la mejora de la salud pública.

La satisfacción de determinadas necesidades individuales mediante el consumo de bienes o servicios directamente prestados por el Estado, es aquí solamente *el medio* para la satisfacción de esa otra necesidad *colectiva* que constituye el verdadero y único fin de servicio público.

Y es con referencia a este fin como se determina y justifica *la* función en relación a la producción, a la conservación o al disfrute de los bienes individuales.

Resulta ahora evidente que el interés individual por la función «reproductiva» de los servicios públicos se refiere esencialmente a la *renta;* el interés por la función «conservativa» esencialmente al *patrimonio* y el interés por la función de «disfrute» esencialmente al *consumo.* De donde se desprende que un ordenamiento tributario justo deberá acudir inevitablemente a una imposición determinada cuantitativamente sobre la renta, sobre el patrimonio y sobre el consumo —con los eventuales coeficientes de corrección referidos a aquellas variables ulteriores que la investigación técnica pueda determinar— para el reparto de las necesidades de medios financieros imputables a la utilidad indiferenciada de los servicios públicos; imposición que deberá integrarse después con un oportuno sistema de tasas, contribuciones e impuestos especiales, que resulte idóneo para repartir el coste imputable a la utilidad *diferenciada.*

5. Un sistema de impuestos sobre la renta, sobre el patrimonio y sobre el consumo no es una novedad: hace mucho tiempo, en efecto, que se ha llegado al mismo incluso independientemente de la teoría del interés.

Pero se ha llegado en base a consideraciones de simple oportunidad técnica y práctica, salvo si se quiere pensar que detrás de las explicaciones dadas por los teóricos operaba esa frecuentemente inconsciente intuición de lo justo, que ha determinado siempre la evolución del Derecho en todos los campos, bastante más que las construcciones dogmáticas.

El hecho es que las teorías fundadas sobre el «sacrificio» o sobre la «capacidad contributiva» parecían solo tolerar, más que exigir lógicamente, la imposición simultánea de las rentas, del patrimonio y de los consumos. Razón por la cual se presenta como ideal teórico el impuesto único sobre la renta, aun considerando más o menos inevitable la imposición sobre los consumos como un correctivo de algunos defectos de la imposición sobre las rentas —dificultades y desigualdades de liquidación, rigidez, insuficiencia e incertidumbre del producto recaudatorio, etc. —, y se considera, de otro lado, la imposición patrimonial como un simple expediente concebido para alcanzar por vía indirecta una diversificación más penetrante del impuesto sobre las rentas «fundadas» y «no fundadas»: de tal suerte, en definitiva, el impuesto sobre las rentas, sobre los patrimonios y sobre los consumos estarían destinados, según estas concepciones, no tanto a añadirse el uno al otro cuanto a sustituirse y corregirse recíprocamente en la tarea de referir el impuesto, a través de parámetros diversos pero interdependientes, a la efectiva renta «disponible» o «susceptible de ser gastada» por cada contribuyente.

6. Pero no es difícil percatarse de que semejante concepción no basta para explicar ni justificar la realidad.

La presunción de que en el consumo se encuentra la renta, y de que por tanto la imposición del consumo puede ser *sustitutiva* de la renta, es fruto de un transparente equívoco cuando desde el plano puramente económico del consumo y de la renta *nacional* se la quiere transportar al plano jurídico del consumo y de la renta *individual*. Es verdad, en efecto, que en una indagación sobre base nacional y sobre un ciclo de años suficientemente amplio, la diferencia en más o en menos que puede encontrarse al principio y al final del período considerado en la cuantía del patrimonio nacional, puede resultar suficientemente pequeña respecto al flujo de la riqueza producida y consumida en el período, porque el importe de la renta media tiende a identificarse con el consumo medio. Del mismo modo, el volumen de agua salida de un pantano hidroeléctrico de alta montaña, por muy oscilante y diversas que puedan ser las aportaciones estacionales y las necesidades de los establecimientos de producción, acaba por coincidir, al final de un período de tiempo suficiente, con el volumen de agua entrada en el pantano.

¡Pero a nadie se le ocurriría pensar que midiendo el agua que llega en una hora a las turbinas se haya medido también el agua que en esa misma hora ha entrado en el pantano!

Y bien, la más común y banal experiencia nos enseña que igual de absurdo sería pretender inducir de la renta anual el consumo anual *individual*, y viceversa.

La más común y banal experiencia nos enseña que se alternan por lo general en la vida de cada individuo períodos en los que se provee para el futuro produciendo más de lo que se consume, y períodos en los que, por contra, se vive del pasado, consumiendo la renta acumulada con anterioridad; que el padre acumula para el hijo y después el hijo o el nieto consumen por sí mismos y por aquél; que, en fin, entre individuo e individuo, entre clase y clase se realiza un continuo traspaso de riqueza, lo cual presupone y denuncia una correspondiente e inversa desigualdad entré rentas y consumos individuales.

De donde se desprende que, a pesar de cualquier voluntariosa ilusión, la imposición de los consumos no puede funcionar frente a cada contribuyente en particular como sustitutiva y correctiva de la imposición sobre las rentas.

Y ni siquiera valdría oponer que el excedente de la producción sobre el consumo de hoy, se compensará mañana con un correspondiente excedente del consumo sobre la producción, bien sea porque no toda la renta que se produce acaba por ser consumida por el mismo contribuyente, o ni siquiera por sus sucesores, ya que puede perderse en parte o transferirse a otros, bien sea, y sobre todo, porque el dinamismo de la moderna economía privada y pública hace que no sea en absoluto la misma cosa que quien hoy ha producido una determinada renta, que por hipótesis consumirá dentro de treinta años, concurra *hoy* al reparto de los gastos públicos de hoy, en concurrencia y en proporción con las demás rentas producidas hoy, o concurra, en cambio, *dentro de treinta años* al reparto de los gastos públicos de 1976 en concurrencia y en proporción con las rentas que se producirán *en 1976.*

Consideraciones análogas podrían hacerse por lo que se refiere a la correlación entre patrimonio y renta, toda vez que la experiencia cotidiana nos muestra patrimonios sin rentas y rentas sin patrimonio, así como relaciones muy diversas, sobre todo, entre patrimonio y consumo.

7. En cambio, la teoría jurídica de la contribución referida al principio del interés ofrece la más simple y satisfactoria justificación lógica de la coexistencia de la imposición sobre la renta, sobre el patrimonio y sobre el consumo, y ofrece al mismo tiempo una *guía para valorar racionalmente sus recíprocas relaciones.*

La justificación está en que, a la coexistencia y a la diversa variación de la renta, del patrimonio y del consumo, corresponden la coexistencia y la variación, respectivamente, del interés individual por la función «reproductiva», «conservativa» y «de disfrute» de los servicios públicos. Tres intereses que no se confunden ni se sustituyen, sino que se *suman,* y a cada uno de los cuales corresponde *una razón distinta del concurso* al reparto de los gastos públicos.

El contribuyente que en un determinado período produce y al mismo tiempo consume una determinada renta, en realidad está interesado *dos veces* en la organización colectiva de los servicios públicos, en cuanto que se beneficia de la misma primero al producir y después todavía al disfrutar de la renta producida. Y aquel otro contribuyente que, además de producir y consumir, posee también y conserva desde el principio al fin del período considerado un determinado fondo de riqueza, está interesado *una tercera vez* en la organización de los servicios públicos, de los cuales se beneficia precisamente para conservar, además de para producir y disfrutar de su riqueza.

Este último, por tanto, deberá contribuir más que el primero al reparto de los gastos públicos del período, y el primero, a su vez, más de quien, en el mismo período se hubiese limitado a producir o a consumir solamente una misma cuantía de renta.

8. Lo cual significa que las imposiciones sobre las rentas, los consumos y los patrimonios no han de considerarse —como es frecuente que se consideren— *sustitutivas e interdependientes,* sino *paralelas y adicionales.* Significa que la coexistencia de las dos imposiciones —sobre la renta y sobre el consumo— se explica y se justifica no tanto por la simple oportunidad de corregir a través del consumo las imperfecciones de la determinación de las rentas, ni por la conveniencia de añadir a la detracción manifiesta del impuesto sobre la renta una «imperceptible» y casi clandestina detracción ulterior en el caso del consumo, cuanto, y ante todo, por la necesidad de tener en cuenta por separado y adicionalmente *no solo la renta sino también el consumo.* De manera que, aun cuando pudiera tenerse la certeza de gravar con el impuesto sobre las rentas toda la renta individual y con el impuesto sobre los consumos toda la renta consumida, sin evasiones o desigualdades, no por ello sería indiferente ni justo que la imposición recayese según los casos, por casualidad o por capricho, más sobre las rentas que sobre los consumos, o viceversa.

No sería justo dejar a la casualidad o al capricho de los gobernantes que quien por hipótesis gana entre los treinta y los cincuenta años la renta que consumirá entre los cincuenta y los setenta, vea concentrada toda su carga tributaria en el período de producción (como ocurriría con un sistema configurado prevalentemente sobre la renta) o la vea repartida sobre el período de cuarenta años y reenviada prevalentemente, en consecuencia, al período del consumo. Y aquí debe tenerse en cuenta —y la observación debe subrayarse, pues quizá no siempre se le ha prestado la debida atención— no solamente al factor *tiempo* y la diversa concentración de la carga, sino también la diversa *entidad* que a lo largo del tiempo puede asumir y de hecho asume la organización colectiva y el gasto de los servicios públicos a cuyo sostenimiento debe ser llamado a contribuir el particular.

Es justo que cada individuo participe en proporción a la *renta* en el gasto de los servicios públicos en cuanto efectivamente le interesan *como productor* —y que es de presumir que no serán los mismos que podrán interesar a los productores de los treinta años o del siglo, siguiente, cuando esa renta se consumirá—, y que al mismo tiempo cada uno participe en proporción al *consumo* en los gastos de los servicios públicos en cuanto efectivamente le interesan *como consumidor,* y que no serán los mismos que habrían podido interesar como consumidor a su padre o a su abuelo, cuando produjeron aquella renta que él consume ahora. Y el mismo razonamiento vale, naturalmente, para los servicios de conservación de la riqueza.

9. Queda el problema de determinar concretamente la necesidad de financiación a imputar a la función «reproductiva» de los servicios públicos —y a partir, por tanto, con cargo a la renta—, a la función «conservativa» —a repartir con cargo al patrimonio— y a la función «de disfrute», a repartir con cargo al consumo.

El problema, hay que reconocerlo, resulta particularmente arduo porque la mayor parte de los servicios públicos cumple simultáneamente más de una y con frecuencia las tres funciones a la vez.

Sin embargo, este ya no es un problema lógico-jurídico de elección del justo criterio de reparto, sino un problema técnico-político de valoración.

Y en esencia es un problema no muy diferente del que se presenta cuando se trata de discriminar el coste que debe imputarse a la utilidad diferenciada de los servicios públicos, y a repartir en forma de tasas, contribuciones o impuestos especiales a cargo de los distintos usuarios en particular, y aquel que debe imputarse, en cambio, a la utilidad indiferenciada y a repartir en forma de impuesto entre todos los contribuyentes.

De otra parte, problemas idénticos se presentan también para el reparto de los gastos comunes realizados en el ámbito de colectividades de Derecho privado. Por tanto, al igual que sucede precisamente en el ámbito de las relaciones privadas, en el reparto de los gastos públicos también nos deberemos contentar con una solución más o menos someramente aproximada, sin olvidar que una solución «científicamente» exacta, si probablemente sería imposible, sería por igual ciertamente inútil, debiéndose detener la finura del análisis en el grado de aproximación que es capaz de apreciar la sensibilidad de la conciencia económico-social.

Con este grado de aproximación bastante amplio, se tratará de valorar la relación relativa de utilidad y la importancia relativa entre las varias funciones que cumple cada servicio público o grupo de servicios públicos, y de imputar en consecuencia a una u otra función, *pro quota,* el gasto correspondiente.

El resultado compendioso de este análisis conducirá, por síntesis, a la determinación de las cuotas de la financiación global a repartir con cargo a la renta, al patrimonio o al consumo. Y es obvio que aun cuando la valoración pueda resultar somera y aproximada, el problema de la *integración de los impuestos* podrá considerarse, con esa aproximación, correctamente resuelto. Lo que, por el contrario, no puede decirse mientras se permanezca aferrado a la teoría del «sacrificio» o a la de la «capacidad contributiva», que en realidad no ofrecen ningún criterio racional para alcanzar cualquier solución lógica del problema, justificando así esa difusa actitud de escepticismo que debía desembocar en la enunciación del «principio» de la *expediency* (Buehler) y en la desconsolada comprobación de la atmósfera de «empirismo a ciegas» (Hobson) en el que se han desarrollado prácticamente, un poco en todas partes, los ordenamientos tributarios, que, en el estado actual de las cosas, nadie podría denominar fundadamente «sistemas».

IV

LA IMPOSICIÓN DE LOS INCREMENTOS DE PATRIMONIO

1. El coste de los servicios públicos, en cuanto directa o indirectamente afectan al proceso de producción colectiva organizada de los bienes individuales, se reparte en proporción a la *cuota de participación individual en los resultados de ese proceso.* Esto es lo que hasta aquí hemos querido señalar al decir que la financiación imputable a la utilidad indiferenciada de la función *reproductiva* de los servicios públicos se reparte esencialmente con relación a la «renta individual».

Ahora es necesario examinar más de cerca cómo debe determinarse y de qué se compone esta «renta individual».

En aquellos antiguos y queridos ejemplos académicos, en los que la sociedad económica se reduce idealmente a cuatro o cinco individuos, de los cuales el primero de ellos fabrica y prepara arados, el segundo cultiva el trigo, el tercero lo muele, el cuarto hace el pan y el quinto (el Estado) cuida los caminos y provee a la segundad de todos, cada uno de los componentes de la colectividad realiza determinadas *operaciones productivas* que llevan consigo en cada caso el empleo de ahorro y de trabajo y que se concretan en una serie de gastos y de ingresos.

El balance de cada operación se cierra con un saldo activo a favor del productor, y la suma de todos los saldos activos que quedan en las manos de los diferentes productores en un determinado período de tiempo, mide en términos monetarios la renta de la colectividad —es decir, el producto final del proceso de producción asociada— en aquel período.

En una sociedad económica que responda a este esquema, la cuota de interés individual en la organización colectiva equivaldría, por tanto, a la suma de los beneficios diferenciados que constituyen el resultado de todas las diferentes operaciones productivas realizadas en un determinado período de tiempo. La contabilidad de la organización social se agotaría por completo en el ámbito de una simple cuenta de pérdidas y ganancias.

2. Dicho esquema sin embargo, tiene el defecto de representar la organización económica colectiva reducida a poco más de un simple acuerdo para el reparto del trabajo entre las distintas economías individuales, concebidas como entidades autónomas y diferenciadas que solo confluyen en aquella organización en el momento del recuento y distribución de los productos.

La realidad de las cosas es mucho más compleja. Las distintas economías individuales nunca existen en la realidad al margen de la organización colectiva, en la cual viven inmersas, participando de la misma continuamente como células de un organismo viviente. De tal suerte que la propia distribución instantánea de la riqueza entre todos los componentes de la colectividad y en cualquier momento del tiempo, no es tanto el presupuesto cuanto el efecto de la compleja dinámica de la vida económica colectiva.

Si Ticio posee en un cierto momento una villa y una fábrica que representan en ese momento una riqueza de un valor *X*, esta situación depende no solo *de lo que Ticio ha hecho en el pasado* para recibir de la colectividad ese determinado importe de riqueza en el momento de la distribución de las rentas, sino también y sobre todo *de lo que actualmente está haciendo y de lo que hará todo el organismo colectivo* del cual es parte integrante la economía individual de Ticio. En esa instantánea posición de equilibrio a la que corresponde para Ticio la disponibilidad de la villa y de la fábrica por ese determinado valor, se manifiesta el conjunto de todas las fuerzas económicas que actúan en el seno de la colectividad.

De otra parte, cada acto productivo que se realiza en el seno de la colectividad se traduce instantáneamente en una serie indefinida de acciones y reacciones, de impulsos y contraimpulsos, que, como la gota caída en un vaso, acaban por interesar a todo el equilibrio del sistema y a la situación de cada célula en dicho equilibrio.

Con esto, y por un lado, la relación entre lo que el individuo *ha hecho* por la colectividad y lo que efectivamente recibe de la misma, acaba por ser tan elástica, indirecta y diversamente condicionada que hace imposible tomar a lo uno como medida suficiente de lo otro; por otro lado, a la cuenta de pérdidas y ganancias, que en el ejemplo académico bastaba para fotografiar la vida económica de la organización social, viene a añadirse la cuenta patrimonial. Es decir, para hallar la cuenta del crecimiento efectivo del organismo económico colectivo — la medida en que, por efecto del proceso de producción asociada, resulta incrementada la riqueza total disponible al final de un determinado período de tiempo —, es necesario buscarlo en todas las distintas células que componen aquel organismo y en consecuencia en todas las distintas economías individuales, con independencia de lo que pueda haber sido la aportación directa y visible de cada una al proceso de producción. Y en la práctica la cuenta no puede hallarse *sino a través de la confrontación de las situaciones patrimoniales individuales al principio y al final del período considerado,* habida cuenta del consumo intermedio. Si la medida de la riqueza de Ticio era 100 al principio del período considerado, y es de 150 al final, y si la medida de la riqueza consumida en el ínterin es de 50, concluiremos que 150-100+50=100 es la medida del beneficio que Ticio ha obtenido, en el período, de la participación en el organismo económico colectivo.

3. Llegados a este punto, la investigación histórica de los distintos actos productivos que Ticio ha podido realizar para «merecerse» aquel beneficio —o sea, la investigación de la relación entre la contribución del particular al proceso productivo y el beneficio directa o indirectamente obtenido del mismo—, puede interesar a otros fines, pero no a los de reconocer la imponibilidad del beneficio global.

Si este no aparece «merecido», ello significa que el mecanismo económico-jurídico de distribución no ha funcionado bien, puesto que no ha logrado impedir una cierta desviación parasitaria e injustificada de beneficios.

Pero dejando aparte la oportunidad de tratar de reparar o de perfeccionar el dispositivo, no por ello resultará inaplicable el principio según el cual quien se beneficia en una determinada cuota —justa o injustamente, queriéndolo o no queriéndolo, consciente o inconscientemente— de su inserción en la organización económica colectiva, debe participar en los gastos correspondientes de vida y funcionamiento del organismo en proporción a aquella misma cuota.

4. Si convenimos ahora en llamar «renta» a la diferencia positiva y «pérdida» a la diferencia negativa entre los ingresos y los gastos de una determinada operación productiva correspondiente a cualquier empleo determinado de capital o de capital y trabajo[1] no es difícil concluir, analizando ese beneficio global —el cual, merecido o no, representa en la economía individual el efecto de la participación en el organismo económico colectivo—, que el mismo resulta:

1 Tal es precisamente la definición de la «renta» en la que la práctica, la jurisprudencia y la doctrina han acabado por centrarse en la interpretación de nuestro derecho positivo, con atención especial a la aplicación del impuesto de riqueza mobiliaria.

Para justificar esta definición jurídica de la renta —que no corresponde a ninguna de las distintas definiciones sobre las cuales sigue abierta y viva la discusión entre los economistas—, existen una serie de razones, en parte jurídicas y en parte prácticas, sobre las cuales no podemos extendernos en este lugar. El pensamiento del autor sobre el tema ha sido expuesto ampliamente en *Appunti sul concetto di reddito.*

1) De un núcleo central representado por las «rentas» y por las «pérdidas» de todas las distintas operaciones realizadas en el intervalo de tiempo considerado[2];
2) De las diferencias patrimoniales en más o en menos que no se configuran como resultado directo de una actividad productiva cualquiera del sujeto, porque más bien obedecen a una *transmisión de riqueza* (ej.: adquisición en 100 de un bien que vale 150, o venta en 150 de lo que vale 100) o a una *variación de valor* (ej.: venta en 150 de un bien que vale 150, pero que ha sido adquirido por 100 cuando valía 100) por completo independientes de una actividad productiva del titular.

De donde se obtiene la conclusión según la cual *para una distribución racional de la carga imputable a la función* reproductiva *de los servicios públicos, se han de tener en cuenta, junto a todas las* rentas *– concebida la palabra en el estricto significado técnico-jurídico al que hemos aludido más arriba – , todas las pérdidas y además todos los incrementos y disminuciones patrimoniales que se realizan en cada economía individual inserta en el organismo económico colectivo.*

5. No obstante, esta conclusión es susceptible de una doble limitación, con referencia a dos hipótesis de variaciones patrimoniales que se deben a causas extrañas por completo al funcionamiento del mecanismo económico colectivo.

La primera hipótesis es la de las transmisiones de riqueza a título gratuito: donaciones y legados[3]. Es claro que, precisamente porque se deben a un simple acto de voluntad mediante el cual las partes intervienen deliberadamente para modificar lo que serian los resultados del mecanismo económico-social, estas transmisiones no se calculan ni con referencia al enajenante ni con referencia al receptor, a efectos de valorar las respectivas participaciones en la vida y en el desarrollo del organismo económico colectivo[4].

2 Es fácil incluir también es esta categoría las rentas *in natura* correspondientes a la producción de servicios disfrutados directamente por el propio productor. Es típica la hipótesis de la casa propia, de la que él propietario obtiene al habitarla una renta *in natura* igual a la diferencia entre el «valor en renta», –es decir, el valor correspondiente al servicio producido y disfrutado directamente– y los gastos de producción del servicio, incluidos los de reconstrucción del capital (amortización).

3 Excluyo a propósito la sucesión del *heredero* porque en esta no existe tanto una *variación en el* patrimonio cuanto una transmisión *del* patrimonio de uno a otro titular. En todo caso las consideraciones apuntadas en el texto para excluir la imponibilidad del donatario y del legatario valen también, naturalmente, para el heredero.

4 La evocación por la colectividad de una parte de la riqueza transferida a título de sucesión o donación puede constituir, en cambio, un instrumento eficacísimo de «redistribución»; pero no tiene nada que ver con el problema del impuesto justo.

Bien entendido que el razonamiento ya no se aplicaría cuando la donación o el legado se presentasen como la simple vestidura formal con la cual las partes han pretendido, de hecho, regularizar las cuentas de una operación económica subyacente, la cual —y no solo el *animus donandi*— aparecería entonces como la verdadera causa de la transmisión de riqueza. Por lo que justamente nuestra ley positiva clasifica precisa y expresamente entre las rentas «las ganancias aunque sean ocasionales y deriven de ofertas espontáneas *hechas en contraprestación de cualquier oficio o ministerio*» (artículo 3.° del T.U. de 24 de agosto de 1877, núm. 4.021).

6. La segunda hipótesis de variaciones patrimoniales extrañas al funcionamiento del organismo económico colectivo, es la de la adquisición de riqueza proveniente directamente del exterior del sistema. En concreto:, el meteorito caído del cielo; el tesoro encontrado casualmente; la renta producida en el extranjero.

Lo que tienen en común los tres casos —y que en los tres justifica su exclusión del cálculo de la base imponible— es que la variación patrimonial depende exclusivamente de una introducción directa en el patrimonio individual de una riqueza proveniente *del exterior* del sistema económico colectivo en el que participa la economía individual del sujeto considerado y por causas extrañas a la vida y al desarrollo del sistema.

Es necesario señalar que, a primera vista, puede parecer injusto que quien arando su campo encuentra un tesoro sin mérito, fatiga, ni riesgo alguno, o quien ve llover literalmente del cielo sobre su campo una riqueza que puede ser conspicua, no deba ceder a la colectividad ni siquiera una parte de la riqueza tan fácilmente adquirida.

Pero por poco que se profundice en la investigación se observará que esta impresión depende en realidad de la injusticia de la *adquisición*. Por las mismas razones —derivadas del originario concepto del dominio rústico como soberanía territorial— por las que se justificaba en el Derecho clásico la adquisición del tesoro y del meteorito por el propietario del fundo, se justificaría hoy plenamente la adquisición total y directa a favor del Estado; el cual, por consiguiente, no necesita en absoluto recurrir al impuesto para limitar *ad libitum* la parte qué proyecta dejar a quien se encuentre en esta o aquella determinada relación con el descubrimiento del tesoro o del meteorito, o con el lugar

---

Quedará la posibilidad, como es natural de considerar esos servicios especiales que el Estado presta a las partes interesadas sancionando jurídicamente la transmisión deliberada de riqueza, asegurando sus efectos y documentando el acto transmisivo. Mas estos servicios se hallan obviamente fuera del campo de acción de la utilidad indiferenciada de los servicios públicos y por tanto del impuesto.

donde el descubrimiento se ha producido, y que efectivamente deja por razones de simple conveniencia.

7. Con estas precisiones puede decirse que no hay quien no se halle sustancialmente de acuerdo sobre la justicia de referir la cuota individual de contribución, no solo a las «rentas» en sentido técnico-jurídico, sino también a los incrementos patrimoniales.

El arduo problema se plantea, no obstante, con referencia a esas «plusvalías» que inevitablemente se generan en cualquier elemento con naturaleza de «capital» —es decir, destinado a la producción de una renta— cuando se modifica la previsión de la renta que habrá de obtenerse en el futuro de la fuente en cuestión[5].

Se trata de saber si es o no cierto —como algunos autorizados economistas afirman resueltamente y otros no menos autorizados lo niegan en los mismos términos— que al gravar en estos casos el incremento de capital y después la renta producida por el capital, se haría jugar dos veces, en definitiva, el mismo fenómeno, puesto que el incremento de capital no sería otra cosa, en la hipótesis considerada, sino el incremento de la renta representado «en escorzo».

Y aquí, debiendo entrar en un tema en el que por fuerza están implicadas cuestiones de naturaleza típicamente económica y que ha proporcionado materia de amplios razonamientos a los economistas más ilustres, preferiríamos saltar sin más a pies juntos sobre el problema, si no fuera porque de su solución se desprenden demasiados y graves reflejos sobre todo el sistema jurídico tributario. De otra parte, ha de decirse —anticipando por un momento las conclusiones de este capítulo— que quizá la prolongación de la polémica y la dificultad que encuentran los economistas para alcanzar un acuerdo sobre aquella lamentada y discutida duplicación, que sin embargo, debería ser, en definitiva, una simple comprobación de hecho, dependen en buena parte de haberse planteado y discutido en términos *exclusivamente económicos* una cuestión que en realidad es fundamentalmente *jurídica* y que solo en el plano jurídico puede encontrar la respuesta definitiva. A cuyo propósito pidamos venia a los economistas si, al querer llamar la atención en estas páginas ante todo de los juristas y de los políticos sobre un problema que ellos —los economistas— han señalado los primeros y sobre el que han meditado durante tanto tiempo, nos vemos obligados a exponer de nuevo aquí con alguna amplitud argumentos y conceptos que ya resultan banales y además en un lenguaje lo menos técnico posible.

5 Se prescinde aquí de la hipótesis de plusvalías *nominales* debidas a depreciaciones monetarias, cuya inclusión o no inclusión en un impuesto ordinario sobre los incrementos patrimoniales constituye una cuestión subordinada y particular.

8. El razonamiento que formulan los adversarios de la imposición sobre los incrementos del capital se apoya en la observación de que «capital y renta no solo están uno en función de la otra, sino que son dos caras de la misma cosa, *son la misma cosa* vista desde dos ángulos distintos», por lo que «un impuesto sobre la renta es también un impuesto sobre el capital, y viceversa, un impuesto sobre el capital es un impuesto igual sobre la renta. Imaginar que se pueda establecer un impuesto sobre la renta o sobre el capital que no *sea* también un impuesto (y no solo que se repercuta) sobre el capital o sobre la renta, es una ilusión infantil» (Einaudi). El valor capital de un bien instrumental es simplemente el resultado de la capitalización en el momento de la valoración de las anualidades de renta que se considere que dicho bien, en ese momento, es susceptible de asegurar en el futuro a su poseedor: renta valorada, naturalmente, después de reducido el correspondiente impuesto. Por consiguiente, el incremento de valor capital de un bien instrumental es la capitalización de la mayor renta que se prevé que podrá obtenerse de dicho bien, por comparación con la previsión hecha por el mercado en un momento anterior. Pero como a la mayor renta corresponde también un mayor impuesto, resulta que la existencia del impuesto sobre las rentas del bien reduce ya automáticamente, *in nuce,* el incremento de valor capital. Y en consecuencia se concluye, gravar primero el incremento de capital y después la renta, significa refrendar una flagrante duplicación y un aumento injustificable del sacrificio que el legislador ha querido imponer a los contribuyentes.

9. Es necesario señalar que este razonamiento por simple que aparezca a primera vista, no ha conseguido convencer definitivamente y de manera tranquilizadora, ni a los prácticos ni a los propios estudiosos, de que la imposición de los incrementos de capital deba ser rechazada sin más.

Los prácticos no pueden por menos de advertir que con ese razonamiento no solo deberían declararse inmunes al impuesto los incrementos de capital *independientes de la actividad del contribuyente,* sino *también los que representan el resultado directo de una actividad productiva.* No solo no pagaría impuesto el precio de los activos inmateriales exteriorizado en el acto de cesión de una empresa como adición al capital invertido en la misma (y que no es otra cosa sino el resultado de una buena y prudente gestión, y por ello definido ya por todos como verdadera y propia «renta»), sino que ni siquiera debería pagar impuesto, por ejemplo, la ganancia del constructor que con un gasto de 100 ha conseguido construir una casa que vale 150 (puesto que si existiese el impuesto sobre las rentas futuras de la casa, la mayor renta asegurada al comprador se traduciría en el correspondiente precio más elevado de la casa). Ni tampoco debería pagar impuesto el especulador en la compraventa de inmuebles o de empresas, ni en general quien comercie o produzca bienes de naturaleza instrumental (máquinas, ganado de labor, buques, patentes, etc.) cuyo valor esté, por ello, en función de la renta que el comprador podrá obtener de los mismos.

Llegados a este punto el práctico se niega a llevar más allá de la lógica el razonamiento económico. Se ha convencido de que ese razonamiento, por sugestivo que parezca, es un razonamiento que prueba demasiado y por esta sola razón debe abandonarse sin más. «Es mucho lo que aquellas lógicas aplicaciones del razonamiento contrastan con su sentido de la justicia «simple y llana»[6].

10. A su vez, autorizados estudiosos de la economía se han esforzado en formular agudos contraargumentos tendentes a demostrar, unas veces que no existe la lamentada duplicación impositiva, y otras, en cambio, que existe, pero porque es lógico y justo que así sea. Se tiene, no obstante, la impresión de que los propios economistas, aun sin llegar a convencerse de que sea definitiva la demostración de quienes lamentan la duplicación, tampoco acaban de considerar definitiva la lógica de las distintas contra-demostraciones. De donde se desprende que la discusión no puede considerarse terminada y que tampoco se ha alcanzado, en un sentido o en el otro, una aceptación generalizada de las respectivas tesis.

Y esto sería sorprendente si no supiéramos que la solución definitiva del problema no puede encontrarse *mientras no nos traslademos decididamente desde el plano económico al plano jurídico.* Debemos convencemos de que la imponibilidad de los incrementos de capital no constituye una «verdad» que deba ser indiscutiblemente comprobada o rechazada por la prueba de los hechos, sino una «justicia» cuya valoración depende esencialmente del concepto jurídico que se tenga del impuesto y de los principios jurídicos de los que se haga depender su justa aplicación.

Defensores y opositores de la imposición de los incrementos pueden, en consecuencia, tener razón, según se acepte una u otra concepción jurídica. Y de esto, quizá, los contradictores de una y otra opinión, ofuscados por el calor de la polémica, no siempre se han percatado, ni en la medida suficiente.

11. Pero ante todo es necesario entenderse con una premisa que no por tener carácter sustancialmente terminológico es menos importante a efectos de la claridad.

---

6 Adviértase que los propios adversarios de la imposición de los incrementos parecen conformarse con la de los incrementos «producidos» y a considerar, por ello, como verdaderas y propias rentas. Pero la discriminación no resistiría la crítica, una vez se admitiese como cierto el tema de la duplicación.

Que «capital» y «renta» no están solamente uno en función de la otra, sino que sean «dos caras de la misma cosa», e incluso, sin más «la misma cosa vista desde dos ángulos distintos» (Einaudi), es un enunciado que por lo menos a un jurista —quien, por tanto, no solo puede, sino que debe juzgar las cosas económicas como cualquier otro aspecto de la realidad según lo que puede aprehender del mismo la conciencia económico-social— convence solo a medias.

Es cierto que cualquier bien patrimonial no representa otra cosa, en términos económicos, sino una posibilidad y una previsión de utilidades futuras, que de dicho bien pueden obtenerse, sea directamente, consumiéndolo, sea utilizándolo —es decir, transformándolo más o menos lentamente— en la producción de otros bienes o servicios.

En esta segunda hipótesis, pues, *la capacidad de valer como capital* de un bien instrumental no depende sino de la capacidad de valer como renta de los bienes o servicios que aquél pueda producir según la previsión que hoy se formula al respecto.

Ello no obstante, si por «valor capital» del bien entendemos en concreto la cantidad de riqueza que el titular puede obtener efectivamente del mismo en un cierto momento al enajenarlo, debemos concluir de inmediato que este valor no reproduce la renta que el adquirente obtendrá de hecho y ni siquiera la que prevé obtener del bien en cuestión. Ese valor corresponde, en cambio, a aquella *parte* del producto futuro que el adquirente está dispuesto a anticipar hoy al titular del bien patrimonial para apropiarse mañana de ese algo más que prevé podrá obtener del bien.

Una máquina, en cuanto entidad económica, se concreta en la suma de los servicios que se prevé poder obtener de la misma. Supongamos que en determinadas circunstancias de mercado, esos servicios futuros, para una vida útil de la máquina que se prevé de cinco años[7], los cifre el posible comprador en un importe global de 140, una vez deducidos, se entiende, los gastos de explotación. Pues bien, 140 no será ciertamente el precio —y por tanto el valor capital— de la máquina. El precio, en cambio, será solamente 80, 100 o 110, según las circunstancias —estabilidad del mercado, exactitud de la previsión, riesgos inherentes a la realización efectiva de los servicios previstos, etc.—, pero será siempre solo *una parte* de los 140 que el comprador espera obtener en los cinco años, contra los 80, los 100 o 110 anticipados hoy al vendedor.

12. Esta primera comprobación —la de que el valor capital de un bien instrumental está en la relación de la parte al todo respecto al

7 Para que el ejemplo resulte más elemental, supongamos que al término del quinquenio de vida útil de la máquina el valor capital quede reducido a cero: es decir, prescindamos, suponiéndolo inexistente, de cualquier *valor de demolición* de la máquina ya fuera de uso.

producto previsto— allana el camino para aclarar al propio tiempo que no se puede hablar efectivamente de *duplicación.*

Duplicación existiría, en verdad, si después de haber gravado en las manos del vendedor el incremento del valor capital de un bien, se pretendiese gravar después y además *todo* el mayor producto del cual ese incremento no es sino el anticipo parcial hecho por el comprador al vendedor.

Ahora bien, este es el momento de señalar —y de subrayar— que en realidad nadie pretende gravar ambas cosas, esto es, *no solo* el incremento de capital, *sino también* todo el mayor producto que corresponde al incremento. Quien sostiene el gravamen de los incrementos —es decir, del mayor anticipo que el vendedor percibe sobre los futuros productos—, debe sostener y sostiene también la no imposición de la parte de producto con la cual el comprador recuperé después el anticipo pagado al vendedor. Y con esto desaparece cualquier problema de verdadera y propia duplicación.

13. La observación no siempre ha sido adecuadamente valorada y podría no tenerse en cuenta en una aprehensión superficial del razonamiento, por lo que vale la pena mirar más de cerca el mecanismo de la imposición.

Volvamos entonces por un momento al ejemplo de la máquina que en la previsión del mercado es susceptible de prestar servicios útiles durante un quinquenio de vida probable.

Sea 100 el precio de venta que por hipótesis y por simplicidad imaginamos que corresponde exactamente al gasto soportado por el fabricante. Ya hemos visto que si el comprador está dispuesto a adquirir la máquina por 100, esto significa que el valor de los servicios que prevé obtener de la misma durante el quinquenio —deducidos los gastos de explotación— deberá ser *algo más* de 100, puesto que nadie está dispuesto a anticipar hoy todo lo que podrá recuperar durante cinco años. Es decir que el comprador pretenderá obtener de la máquina en los cinco años de disfrute útil, en primer lugar la recuperación del capital 100 que ha anticipado al vendedor, y además un rendimiento adecuado que constituye el premio del sacrificio de aplazar durante los cinco años el disfrute de esos 100 y al mismo tiempo del riesgo de no conseguir recuperar efectivamente el capital anticipado.

Supongamos, por tanto, que la previsión se realice puntualmente y que el producto global de los servicios de la máquina, una vez deducidos los gastos de explotación, resulte en los cinco años y en números redondos 140.

Pues bien, cualquiera que sea el concepto y la definición de la «renta» que los economistas gusten adoptar en abstracto, es muy cierto que ningún legislador podría pensar en considerar «renta imponible» de la máquina otra cosa sino la *simple diferencia* entre 140 y 100, o lo que es lo mismo, el aumento de valor de los servicios efectivamente obtenidos por la utilización del bien sobre el valor capital inicial anticipado y correspondiente a la recuperación del coste por parte del fabricante.

14. Imaginemos ahora que, adquirida por 100 esa máquina que con arreglo a las previsiones del mercado debía prestar servicios por 140, el comprador, inmediatamente después de la adquisición, vea doblarse entre sus manos la utilidad objetiva de la misma, bien porque ha logrado introducir en ella un perfeccionamiento susceptible de doblar el producto, bien porque, debido a una variación imprevista del mercado, ha aumentado la demanda y por tanto el valor de los productos.

Tanto en uno como en otro caso el valor de los servicios que se obtendrán de la máquina se ha convertido en 280, contra los 140 previstos al principio en el momento de la adquisición. Y si esta nueva mayor previsión se realiza puntualmente, el balance final de la vida quinquenal de la máquina se resumirá en estas cifras:

Precio de coste	100
Rendimiento (deducidos los gastos de explotación)	280
Utilidad neta global	180

Y en estas circunstancias nadie duda *de que la diferencia total* de 180 haya de considerarse como «renta imponible» a cargo de quien con 100 de gasto, ha conseguido en definitiva 280 de producto.

Pero puede ocurrir que inmediatamente después de la adquisición inicial por 100 al fabricante, el adquirente de la máquina —que para entendernos llamaremos «Primero»—, habiendo comprobado el inesperado aumento de valor de la misma, haya preferido cederla a un segundo adquirente, que llamaremos «Segundo». Este, frente a la perspectiva de una serie de servicios escalonados en el quinquenio por un valor global de 280, estará dispuesto, como es natural, a anticipar al «Primero» algo *más* de los 100 que este, a su vez, había entregado al fabricante previendo un producto de 140. Por tanto, 100+X será el precio que el Primero obtendrá por la cesión y 180-X la «renta imponible» que durante el quinquenio quedará en las manos del Segundo, una vez recuperado el gasto de adquisición.

Todo esto no significa otra cosa, pues, sino que la renta neta global (180) imputable a la máquina y correspondiente a la diferencia total (280-100) entre el valor de los servicios prestados (280) y el coste originario de producción (100), *ha quedado repartido* pro cuota *entre el Primero (X) y el Segundo (180-X).*

Ahora bien, si nadie dudaba que aquella renta total de 180 debía gravarse cuando en su totalidad quedaba en manos del Primero, por el mismo motivo nadie puede dudar que la misma renta debe gravarse aunque se reparta subjetivamente entre el Primero y el Segundo. Y esto se obtiene precisamente gravando *X* a cargo del Primero y *280 – (100 +X)* a cargo del Segundo, es decir, gravando primero el incremento patrimonial correspondiente a la diferencia entre el coste de producción originario (100) y el mayor precio de reventa (100+X) y después la renta del período correspondiente a la diferencia entre ese mismo mayor precio (100+X) y el producto del periodo (280).

15. Por el contrario, si se quisiera dejar exento del impuesto al Primero por el incremento patrimonial, sería necesario, entonces, gravar al Segundo no solo ya por la diferencia total entre ese rendimiento (280) *y el coste de producción originario* (100), so pena de dar lugar, en otro caso, a un vacío impositivo manifiestamente injustificable.

Llegados a este punto es claro que, con uno u otro sistema, toda la renta (280-100) queda gravada una vez y *solo una:* con un sistema se grava por *X* al Primero y desde el primer año, y por los restantes 180-X al Segundo y a lo largo del quinquenio; con el otro sistema, en cambio, se grava por todo al Segundo y en el curso del quinquenio.

De donde se desprende la primera conclusión, según la cual la imposición o no imposición de los incrementos patrimoniales es no ya una cuestión de *duplicación,* sino, y exclusivamente, una cuestión de *tiempo* y de *sujetos* de la imposición.

16. En este punto se observa que si la proposición que acabamos de enunciar es tan evidente en la hipótesis de la máquina, no aparece igualmente clara en los razonamientos que se aducen contra la imposición de los incrementos patrimoniales. Esto depende del hecho de que en esos razonamientos se supone un período de consumo del bien de capital muy largo o incluso prácticamente indefinido. Con la consecuencia de que la cuota de amortización (y con ella la diferencia entre el producto anual y la renta imponible) se reduce correlativamente hasta hacerse imperceptible cuando la recuperación del coste se diluya en un período indefinido. En este punto la renta imponible a cargo del adquirente *parece* coincidir con el producto total, y el gravamen actual sobre el vendedor por la parte del producto que le ha sido anticipada por el comprador, al haberse hecho imperceptible la correspondiente reducción anual del gravamen del adquirente, parece que llega a generar una verdadera y propia duplicación del imponible.

17. Pero es necesario señalar que este alargamiento *ad infinitum* del ciclo económico de un bien de capital no se da en la realidad, salvo, quizá, en el caso de la tierra, razón por la cual algunos economistas prefieren configurarla como una categoría conceptualmente distinta de la de los bienes de capital propiamente dichos.

Todos los demás bienes instrumentales tienen un período de vida económica circunscrito dentro de límites perfectamente percibidos por la conciencia económico-social; y para todos ellos la determinación de la renta imponible del adquirente puede y por tanto debe presuponer lógicamente [como de hecho presupone en nuestra legislación positiva[8]] la recuperación del coste a través de una correspondiente detracción de amortización.

E incluso en el caso singular de la tierra, tal recuperación es perfectamente concebible cuando el incremento de la renta prevista —y el consiguiente y correspondiente incremento del valor capital del fundo— depende de obras de saneamiento y de mejora destinadas a durar un tiempo definido[9].

18. Pero si bien se mira, ni siquiera en el caso extremo y único de un incremento previsto por un tiempo indefinido en el valor del producto de un fundo considerado como bien inconsumible, varían sustancialmente los términos conceptuales del problema.

---

8 Para las rentas *mobiliarias,* los arts. 32 del T.U. de 24 de agosto de 1877, núm. 4.021 y 55 del Reglamento de 11 de julio de 1907, núm. 560, prevén expresamente, en efecto, la detracción de una cuota de renta correspondiente al «consumo de los instrumentos». Y dicha cuota se liquida como un porcentaje constante del precio de adquisición referido a la vida probable de las distintas categorías de bienes de capital. Con el mismo cálculo, la jurisprudencia ha reconocido también la detracción de una cuota de amortización del premio de aviamiento pagado con motivo de la transmisión de un negocio.

Para las rentas *agrarias,* el art. 6.° del R.D. de 12 de marzo de 1923, núm. 505, prevé igualmente la detracción de «una cuota de depreciación de los aperos y máquinas agrícolas».

Para las rentas de los *edificios,* la cuota de amortización se engloba en la deducción *a forfait* de un tercio de la renta bruta. Lo que obviamente significa que la cuota de amortización aumenta al aumentar el valor en renta y por tanto al aumentar el valor capital del edificio. Si se admite, pues, que suponiendo sea 100 el valor en renta de una casa, la cuota de amortización incluida en la detracción a *forfait* (33) basta para asegurar al constructor durante el período de vida económica del edificio la recuperación del coste de construcción, que sea por hipótesis, de 2.000 liras, habrá que admitir que cuando, quizás, el valor en renta aumente de 100 a 150, la mayor cuota de amortización corresponderá a la recuperación no ya de 2.000 sino de 3.000 liras. Lo que significa que si no se gravasen las 1.000 residuales en concepto de incremento patrimonial, se produciría un vacío impositivo, toda vez que, contra un precio de construcción de 2.000 se habría gravado en el curso de la vida económica del edificio solo P-3.000 (donde P representa el producto, es decir, el valor de los servicios efectivamente prestados por el edificio, deducidos los gastos de explotación).

9 Nuestro derecho positivo (art. 13 del T.U. de 8 de octubre de 1931, núm. 1.572) contiene una disposición bastante genérica, según la cual «la renta imponible es aquella parte del producto total del fundo que queda para el propietario, una vez deducidos los gastos y pérdidas eventuales».

En efecto, si imaginamos que, como consecuencia del, descubrimiento de nuevos métodos agrarios, un terreno que produce 100 quintales de trigo al año aumenta de repente su capacidad de producción a 200 para un período de tiempo indefinido, esto significará que cualquiera que sea en concreto el período de tiempo que se considere (diez años, treinta, cien años), el incremento de riqueza que se ha producido por efecto de aquel descubrimiento será igual á tantas veces 100 quintales de trigo por cuantos sean los años considerados, *más* el valor correspondiente a la mayor productividad del terreno que todavía subsistirá por hipótesis al final del período considerado y además en términos cuantitativamente invariados.

Por tanto, si se renunciase definitivamente a gravar este valor, limitando la imposición solo a los 100 quintales anuales de mayor producto, sería necesario admitir que en el período considerado no se ha gravado en realidad sino una parte de la efectiva riqueza producida durante dicho período[10].

Conclusión esta inaceptable, que nos remite también en esta hipótesis extrema que estamos considerando al único planteamiento justo del problema de la imposición de los incrementos. Problema que se reduce, en realidad, a decidir, no ya si el incremento debe o *no* debe ser gravado, sino solamente si se debe gravar una *tantum* a cargo del actual poseedor y en el momento en el que se realiza el aumento de rentabilidad del bien, o, en cambio, distribuido más o menos uniformemente a lo largo del sucesivo período de producción de la renta derivada del mismo.

19. Con esto, hay que reconocerlo, el problema de la imposición de los incrementos patrimoniales no queda resuelto sino solamente apenas planteado. Una vez reconocido que todo se reduce a una cuestión de *tiempo* y de *sujetos* de la imposición, se trata ahora precisamente de decidir cuál es la solución «justa» de entre las dos soluciones posibles. Con lo cual, sin embargo, *la discusión se traslada inevitablemente del plano puramente económico al plano jurídico.* Y como es natural la importancia de la cuestión resultará mínima o máxima según se consideren bienes de capital con un período de consumo corto o largo.

Gravar 100 en 1945 y después 10 en 1946 puede parecer lo mismo que gravar 110 en 1946. Gravar 100 hoy y 20 en los dos años siguientes puede no parecer muy distinto a gravar sin más 120 en el bienio. Pero

10 Es objeto de discusión entre los economistas si en el cálculo de la «renta real global» de un país en una determinada unidad de tiempo, debe incluirse también, o no incluirse, junto a la totalidad de los bienes de consumo, el aumento de los bienes instrumentales en la unidad de tiempo considerada. Pero no hay duda de que, por lo menos a efectos del reparto justo de los gastos de los servicios públicos inherentes a la producción de los bienes individuales —instrumentales o de consumo— solo la primera concepción es aceptable y decisiva.

nadie puede pensar que sea lo mismo, digamos, en vez de gravar 100 en seguida y después 10 cada año durante treinta años, gravar 13,33 durante treinta años renunciando a los 100 inmediatos; o incluso —hipótesis límite— gravar también 10 durante treinta años y aplazar pura y simplemente en treinta años el gravamen de los 100.

20. Ahora bien, si nos fijamos precisamente en esta hipótesis extrema —que pone de manifiesto de inmediato la diferencia entre las dos soluciones—, es fácil descubrir ante todo una verdad a la que los economistas quizá no han prestado demasiada atención, pero que sobre el plano jurídico resulta, en cambio, de una importancia decisiva. Entre gravar 100 hoy y después 10 durante treinta años, y gravar, en cambio, 10 durante treinta años y después 100 al final del treintavo año, no existe solamente una diferencia de *tiempo en el vencimiento de la deuda impositiva,* sino que también existe, y en primer lugar, una diferencia de *objeto de la obligación impuesta al contribuyente.* Puesto que los servicios públicos —y el consiguiente gasto— que hoy presta el Estado, rio son los mismos que los de hace treinta años, ni tampoco los que el Estado prestará dentro de treinta años. Ni, de otra parte, tampoco el conjunto de las rentas de todos los demás contribuyentes, con las cuales deberán concurrir al reparto aquellos 100, es el mismo hoy que el que fue hace treinta años o será dentro de treinta años[11]. Y por tanto, aplazar en treinta años el gravamen de los 100 no significa prolongar simplemente *el término* de una determinada obligación (reduciendo correlativamente el valor actual de cambio del crédito correspondiente), sino que, por el contrario, significa esencialmente *sustituir la obligación de compartir hoy «pro cuota» con todos los demás contribuyentes de hoy la carga de los gastos públicos de hoy, por la obligación distinta de compartir, en cambio, dentro de treinta años, «pro cuota», con los contribuyentes de 1976, la carga de los gastos públicos de 1976*[12].

---

11 Y la prueba tangible se tiene en la incisiva ascensión del nivel de presión fiscal frente al de hace treinta o cuarenta años.

12 Quizá pudiera objetarse, en este punto, que en realidad el adquirente de un bien instrumental tiene en cuenta, al decidir la adquisición, la carga impositiva que hoy es capaz de prever, y no ya la que, efectivamente, podrá, después, verse obligado a soportar a consecuencia de eventuales y no previstos aumentos o reducciones de alícuota.

La objeción no puede prosperar. Dejando aparte, en efecto, la hipótesis según la cual el adquirente de un bien debería estimar el valor capital suponiendo constante la carga impositiva (mientras que está a la vista de todos la experiencia cotidiana de intercambios en los cuales se imputa al vendedor en gran medida, en forma de menor precio, la carga de mayores impuestos *futuros,* ordinarios y extraordinarios, más o menos fundada y exactamente previsibles), resulta decisiva la consideración de que, cualquiera que sea el modo de repartir en las relaciones *internas* entre adquirente y vendedor la carga del futuro y previo pago del impuesto, excluir el gravamen de los incrementos patrimoniales significa reducir el imponible global actual en relación al cual se reparte entre los contribuyentes de hoy la carga de los servicios públicos, y aumentar en correspondencia el imponible global sobre el que se repartirá la carga de los servicios públicos futuros en los próximos cinco,

21. Dicho lo que antecede, el problema, en el plano jurídico, se plantea así: dado que en un determinado período se haya incrementado la capacidad productiva y con ella el valor actual de cambio de un bien de capital ¿es *más justo* que la serie de titulares de ese bien (y de los correspondientes frutos) sea llamada por ello a contribuir *solamente a los gastos públicos de los años venideros,* durante los cuales la fecundidad incrementada del bien se traducirá en una correspondiente mayor cantidad de productos, o más bien que sea llamada a contribuir a los gastos de todo el período en el cual se han realizado *primero el aumento de la fecundidad del bien y después la correspondiente mayor generación de renta?*

Si se elige la *primera alternativa,* habrá que excluir la imposición de los incrementos de valor capital del bien y gravar después todo el mayor valor de los servicios producidos, en comparación con el coste de producción del bien. Por el contrario, si se elige la segunda alternativa, deberá considerarse imponible, primero el incremento de valor capital en relación con el coste de producción del bien, y después el mayor valor de los servicios efectivamente producidos por el bien, en comparación con el valor capital ya considerado como gravable.

Mas planteada así la cuestión, no hay duda de que la solución justa se halla en la *segunda* alternativa, si se recuerda que *aquí estamos razonando únicamente sobre aquella parte de la carga tributaria global* que por hipótesis, y de acuerdo con los principios expuestos en el anterior Capítulo III, *se refiere propiamente a la función* reproductiva *de los servicios públicos y, en consecuencia, debe repartirse con referencia exclusiva a la cuota de interés individual en el proceso de producción asociada;* con independencia de la carga ulterior que, en cambio, en relación con el proceso paralelo de *conservación* y de *disfrute* de los bienes individuales, habrá que referir a efectos de su reparto, al patrimonio y al consumo, respectivamente. Limitado el campo de observación a la sola función «reproductiva» de los servicios públicos, está muy claro que esta se exterioriza a lo largo de todo el proceso de producción asociada de los bienes, tanto de consumo como instrumentales, que se va cumpliendo de año en año, aunque ciertamente con vistas a un consumo diferido en el tiempo. De donde se desprende como corolario que es justo y necesario que cada contribuyente concurra *también* a los gastos públicos de aquel período en el cual, con el necesario concurso del Estado, se manifiesta la actividad productiva asociada de la que dicho contribuyente se apropia «pro cuota» los efectos favorables bajo la forma de incremento patrimonial correspondiente a la rentabilidad aumentada de su bien.

---

diez o veinte años. En todo caso, por tanto, el titular del activo incrementado se sustrae al concurso —y en correspondencia empeora la situación de los otros contribuyentes de hoy—, incluso si, por ventura, asume la carga por un importe igual, en forma de menor precio, del impuesto que mañana deberán pagar sus adquirentes.

22. A esta primera razón de *justicia* es necesario ahora añadir de inmediato otra de *necesidad* práctica, a favor de la imposición del incremento patrimonial. Se trata de la imposibilidad de gravar sobre los sucesivos adquirentes de un bien capital la diferencia íntegra entre el producto neto del ejercicio y el coste *originario* de producción. Volvamos para mayor claridad al ejemplo de la máquina transferida por el fabricante a un adquirente *Primero* por el puro coste de producción 100, de la que se prevé una determinada serie quinquenal de servicios por un valor global de 140, y revendida por *Primero a Segundo* por un precio mayor, cuando el valor previsible de los servicios futuros aparecía doblado.

Ya hemos visto que si no se grava al *Primero* por el mayor precio de adquisición pagado por el *Segundo,* y si no se quiere dar lugar a un inadmisible vacío impositivo, es necesario gravar después al *Segundo* no ya solo por la diferencia entre el producto efectivo neto de la máquina y *el precio pagado por el Segundo al Primero,* sino, en cambio, por todo el producto, deducidos los gastos de explotación, correspondientes *a todo lo que excede del coste originario de producción* (100).

Pero preguntémonos ahora si sería posible en la práctica determinar y comprobar con respecto al *Segundo el* coste originario de producción de la máquina.

El *Segundo* sabe que, a *él* obtener aquella máquina le ha costado, en hipótesis, 200, anticipando los cuales ha podido hacer suyos 280 en los cinco años: no sabe, y no puede saber, qué le haya costado *al fabricante originario* la producción de aquella máquina, ya transferida al *Primero* antes de que este se la haya vendido a él, *Segundo.* Y lo que vale para la máquina vale naturalmente para cualquier otra hipótesis de bienes instrumentales, sean máquinas o mercancías, o edificios, o patentes, etc.

Pero si del producto neto 280 de los servicios de una máquina cuyo coste de producción ha sido efectivamente 100, restásemos en el acto de la imposición 200 por la sola razón de que 200 es el gasto de adquisición de la máquina para el último adquirente —o si se quiere, el gasto que sería necesario *ahora* para reproducir otra máquina igual a aquélla—, gravaríamos en definitiva *menos* de lo que ha sido la renta efectiva neta inherente a la producción y consumo de aquella máquina, que se resume de este modo:

Gasto efectivo de producción	100
Rendimientos, deducidos los gastos de explotación	280
Renta producida	180

Por tanto, son manifiestas la necesidad jurídica, de un lado, y la necesidad práctica, de otro, de la imposición de los «incrementos»[13].

23. Llegados a este punto todavía debemos advertir que el problema de la imposición de los incrementos patrimoniales no está en modo alguno agotado; asimismo, de la reconocida necesidad de considerar también hecho imponible el incremento patrimonial, no se desprende que puedan ignorarse sin más o darse por superados todos los argumentos autorizadamente esgrimidos para demostrar la *desigualdad,* sino ya la *duplicación,* a la que puede conducir la imposición de los incrementos patrimoniales.

Todo lo que se puede admitir en este punto es que aquellos argumentos, en vez de encuadrarse en una discusión sobre *si* la imposición de los incrementos patrimoniales debe considerarse justificada, han de tenerse en cuenta, en cambio, para decidir *cómo* debe realizarse técnicamente dicha imposición con el fin de evitar *injustas desigualdades objetivas y subjetivas.* En resumen, del plano de los principios jurídicos de la imposición se retorna al de los efectos económicos del impuesto y de los dispositivos técnicos a adoptar para que la aplicación de aquellos principios no resulte en la práctica ilusoria o gravemente inequitativa.

Y sobre este plano al jurista no le quedan sino pocos pasos a dar todavía, aunque quizá son los pasos más interesantes a efectos prácticos.

No por casualidad se ha hablado de posibles desigualdades *objetivas* y *subjetivas.* Precisamente desde ese doble punto de vista debe considerarse la situación, es decir: 1), ante todo, comparando *objetivamente* la imposición de rentas cuantitativamente equivalentes según que comporten o no, en un cierto momento, un incremento de valor capital del elemento productor; 2), comparando después *subjetivamente* la posición del titular de un activo incrementado con la de los sucesivos adquirentes del mismo, por un lado, y por otro con la de los demás contribuyentes contemporáneos que concurren con él actualmente al reparto de los gastos públicos.

24. Bajo el primer aspecto se observa enseguida que entre los dos sistemas posibles, es decir, entre gravar hoy el mayor precio de venta del activo en comparación con el coste de producción determinado por el valor incrementado de los servicios que se esperan del mismo, y gravar después durante los cinco o diez años siguientes el mayor valor de esos servicios después de recuperado el mayor precio ya gravado, o bien no gravar nada hoy, sino gravar después durante dichos

13 Las consideraciones expuestas en el texto resultan decisivas también en la hipótesis particular de incrementos patrimoniales debidos, no ya a un aumento de la renta prevista, sino a una reducción del tipo de capitalización. Hipótesis sobre la cual no es necesario extenderse, dada la naturaleza y los fines de estos apuntes.

cinco o diez años todo el mayor valor de los servicios en comparación con el coste de producción originario del bien, entre estos dos sistemas, decimos, existe en realidad una doble diferencia:

1) Una primera diferencia se refiere al *objeto de la obligación,* que en el primer caso es el de concurrir *también* a los gastos de hoy, y en el segundo caso el de concurrir *solamente* (si bien eventualmente en mayor medida) a los gastos de mañana. Y precisamente esta diferencia nos ha convenido de la necesidad de preferir en el plano jurídico el primero al segundo sistema.

2) Pero una segunda diferencia se refiere innegablemente a la *onerosidad* de la imposición. Y esta diferencia hay que considerarla en el plano económico si se nos quiere convencer de que no solo es justo el principio jurídico de considerar hecho imponible el incremento de capital, sino también su concreta aplicación técnica. Si se supone, en efecto, que permanece invariable en el tiempo la alícuota del impuesto (hipótesis de razonamiento que, sin embargo, presupone invariable, en contra de la experiencia histórica, la entidad y el gastó anual de los servicios públicos, así como la cuantía de las rentas sobre las que repartirlo), se ve claro que en términos cuantitativos es muy distinta la carga de pagar hoy todo el impuesto correspondiente a un determinado incremento patrimonial, o pagar, en cambio, ese mismo impuesto repartido en cinco, diez o veinte años.

Y la diferencia queda demostrada por el hecho de que el contribuyente obligado a pagar 100 hoy, estaría dispuesto a cambiar dicha obligación por la de pagar, en cambio, pongamos 129,50 durante diez años (si el tipo de interés es del 5 por 100 y se supone fraccionado el pago a razón de 12,95 al año).

Y la consideración, entonces, de esta diferencia de *onerosidad,* ¿no podría inducir a una elección entre los dos sistemas en sentido opuesto al que inducía la consideración de aquella primera diferencia de *objeto* de la obligación?

25. En este sentido, podría resultar convincente una comparación superficial de la situación final de dos rentas cuantitativamente equivalentes, pero en cuyo ciclo de producción se presenta para una de ellas y no para la otra un aumento patrimonial del correspondiente activo.

Aquella máquina sobre la que razonábamos antes producía, consumiéndose en cinco años de vida útil, servicios por 280 contra un coste de producción de 100: de este modo la vida económica de dicho activo se concretaba en una renta —entendida como creación objetiva de nueva riqueza— de 180.

Sobre esta renta, acogiéndose el principio de la imposición de los incrementos patrimoniales (y suponiendo invariable y constante la alícuota del impuesto del 20 por 100 durante el quinquenio), el Estado recaudaría por impuesto 36, de los cuales 120 al inicio del quinquenio considerado —en correspondencia con el incremento de 100 a 200 del valor capital de la máquina— y 16 repartidos a lo largo del quinquenio.

Pero si esos mismos servicios por valor de 280 en cinco años hubieran sido producidos, por hipótesis, sin empleo de máquina, contra un gasto anual de 20 y por tanto con una misma renta neta de 180, el Estado habría recaudado en las mismas condiciones el impuesto de 36 distribuido en cinco años.

La carga del impuesto, bajo el aspecto cuantitativo, habría sido solo aparentemente igual en los dos casos. En realidad la renta de la máquina pagaría *más* que la otra, y lo demuestra el hecho de que si en el mismo momento —pongamos al comienzo del período considerado— un banquero hubiese debido asumir una y otra obligación impositiva, habría pretendido (siendo el tipo de interés del 5 por 100) 33,85 por la primera y 22,51 por la segunda[14].

¿Existe, pues —podríamos decir como conclusión de este punto—, alguna razón que justifique el tratamiento más oneroso —*coeteris paribus*— de la renta producida por la máquina en relación con la renta producida sin la máquina?

26. La razón existe. Y estriba en que, en la segunda hipótesis, aparentemente favorecida, se han producido simplemente cada año *ex novo*, frente a un gasto anual de 20, servicios por valor de 56 (280:5=56). Ha surgido cada año una nueva riqueza por valor de 36, cuya cifra da la medida de la cuota de interés por la que el contribuyente ha participado cada año en los resultados del proceso de precios colectivos de producción.

Por contra, en el caso de la máquina se ha realizado *desde el primer año* una primera producción de riqueza (100) consistente en el aumento de la productividad de la máquina con el correspondiente aumento de valor de 100 a 200, y en los años sucesivos se ha transformado simplemente esa riqueza ya aumentada de 200 en 280 de nuevos productos. Con la consiguiente posibilidad para el propietario de la máquina adquirida por 100 de cambiarla *desde el primer año* contra 200 de cualquier otro bien[15].

---

14 Para simplificar el cálculo se ha supuesto la producción dela renta distribuida uniformemente durante el quinquenio. Entonces, 33,85 corresponde al valor actual capitalizado al 5 por 100 de la obligación de pagar 20 de inmediato y 3,20 al año durante cinco años; mientras que 22,51 corresponde al valor actual igualmente capitalizado al 5 por 100 de la obligación de pagar 5,20 al año durante cinco años.

15 Adviértase que en realidad el incremento del valor capital depende no tanto del mayor producto *efectivo*, cuanto de la simple *previsión* de un *mayor* producto, el cual, después,

Esto significa que en los dos casos la nueva riqueza producida ha sido globalmente la misma al finalizar el período considerado, pero ha sido distinto el *ritmo de su producción en el tiempo* y por tanto distinta la curva que expresa la medida del interés del contribuyente en el proceso productivo durante cada uno de los años.

En correspondencia con lo dicho es muy justo y lógico que sean distintos el ritmo y la distribución en el tiempo del pago del impuesto.

27. Con esto —y a estas alturas es superfluo decirlo— no se incurre ciertamente en el que ha sido llamado error de la doble vista, en el que incurría, por el contrario, quien creyese que en el caso de la máquina la nueva riqueza producida es igual a la *suma* del mayor valor de la máquina más el valor de los productos de la misma y por ello *cuantitativamente mayor* que la nueva riqueza producida en el otro caso. No, aquí se dice solamente que la *misma* cantidad de *riqueza* ha sido producida en los dos casos *de modo distinto y con una distinta distribución en el tiempo.*

Se puede construir un buque empleando en el primer año, supongamos, mil obreros para fabricar por separado todas las distintas piezas, y empleando después cien obreros durante cinco años que se limiten, a ensamblar esas piezas ya construidas; o bien se pueden emplear durante cinco años trescientos obreros cada año que al mismo tiempo, y anualmente, vayan construyendo y montando las diversas piezas. En definitiva, en ambos casos se habrá construido el mismo buque; pero habrá sido distinta la distribución de la construcción en el tiempo y distinto, por ejemplo, el interés por los servicios generales del astillero en el cual se ha realizado la construcción. Si se supone, entonces, que el propietario del astillero (por hipótesis, persona distinta del constructor del buque) quiera recibir los pagos en razón del «estado de avance» de los trabajos, tendremos que en la primera hipótesis el constructor deberá pagar *más* en el primer año y *menos* en los cinco años siguientes, mientras que en el segundo caso pagará un canon de astillero uniforme durante los cinco años. Exactamente lo que sucede

---

podrá incluso faltar de hecho.

El valor de un medicamento no es el equivalente de la curación, sino de la *esperanza* de la curación. Y precisamente por esto constituyen verdadera y efectiva riqueza no solo los medicamentos realmente eficaces, sino también los que simplemente son tenidos por tales, Del mismo modo el perfeccionamiento de una máquina es nueva riqueza producida, aunque después la máquina no se use de hecho, o quizá, habiéndose usado, no consiga dar los mayores productos que se esperaban de ella: en este caso, quien hiciese el balance de la riqueza nacional debería registrar primero un incremento en el momento del perfeccionamiento de la máquina, y después una pérdida en el momento en que el perfeccionamiento se ha revelado inutilizadle. Lo que significa, entre otras cosas, que el incremento ha podido acabar en los bolsillos del primer poseedor de la máquina, mientras que la pérdida ha podido incidir después sobre el sucesivo adquirente.

—y no parece, pues, que injustamente— en el impuesto sobre la renta producida.

28. Despejada así la duda sobre posibles-desigualdades *objetivas,* inherentes a la comparación objetiva entre rentas y rentas, queda por aclarar la de las posibles desigualdades subjetivas en la comparación entre unos y otros contribuyentes.

Remitiéndonos, en efecto, a la comprobación de la que hemos partido en este largo razonamiento, según la cual el valor capital de un bien instrumental es aquella *parte* del valor de sus servicios previsibles (o lo que es lo mismo, de los productos previsibles depurados de los gastos de explotación) que el comprador está dispuesto a anticipar al propietario actual, es necesario preguntarse ahora: ¿qué influencia ejerce sobre este reparto entre propietario y adquirente la imposición de los incrementos patrimoniales?

29. Volvamos ahora por última vez al caso de *Primero* y de *Segundo. Primero,* adquirida por 100 la máquina, la revende por 200, obtiene el incremento patrimonial de 100 y sobre este —al estar en vigor por hipótesis el sistema de imposición de los incrementos de capital— paga 20 de impuesto. *Segundo,* anticipados los 200 al *Primero,* transforma la máquina en servicios por un total de 280, hace suya la diferencia de 80 y sobre esta paga 16 de impuesto, Aparentemente, por tanto, se obtiene una perfecta igualdad de tratamiento de uno y otro sujeto al pagar ambos el 20 por 100 del incremento de riqueza percibido. Pero en realidad, para darse cuenta del verdadero sacrificio que el impuesto comporta para uno y otro, no basta considerar solamente lo que uno y otro paga en concepto de impuesto: es necesario, por el contrario, tener también en cuenta lo que *Primero* habría recibido de más si el impuesto no hubiese reducido las perspectivas de renta para el adquirente *Segundo y* con ellas también el valor capital de la máquina.

En efecto, ¿porqué *Primero* se vio inducido originariamente a pagar 100 por la adquisición de la máquina? Porque en su mente se presentaba la serie de servicios y por tanto de ingresos efectivos en los que la máquina se habría transformado durante el quinquenio, por un importe global de 140. Del valor de esta serie de ingresos previstos, él *detraía naturalmente 8 como carga positiva,* determinada sobre el importe de dichos ingresos depurados de una cuota de amortización constante para la recuperación de precio de adquisición (140-100=40. Impuesto del 20 sobre 40=8). De donde resultaba la serie de ingresos previstos *disponibles* para él por un importe global de 132, cuya serie, capitalizada al día de la adquisición, según el tipo de capitalización correspondiente al riesgo de la inversión, justificaba el valor 100 anticipado al fabricante.

Pero si el impuesto no hubiese existido, la serie de los ingresos previstos *disponibles* (132) habría coincidido con la de los ingresos previstos efectivos (140). Y esta serie, capitalizada al mismo tipo, habría justificado el precio no ya de 100 sino de 106 (en efecto,. 132:100=140:106).

30. Pasemos ahora al momento siguiente, el de cesión de *Primero a Segundo.* ¿Por qué *Segundo* se ve inducido a anticipar a *Primero* por la posesión de la máquina, no ya 100 sino 200?

Porque en su mente se perfila ahora una serie distinta y más apetecible de previsibles ingresos *efectivos* por la próxima transformación de la máquina en servicios, por un importe total de 280.

Detraída de esta nueva serie la carga impositiva de 16 (determinada siempre sobre el ingreso depurado de una cuota constante de recuperación del precio de adquisición: 280-200=80, 20 por 100 sobre 80=16), la serie de los ingresos *disponibles* resultaba en total 280-16=264: serie que, capitalizada, explicaba precisamente el precio de 200.

Pero si no hubiese existido el impuesto, la serie de los ingresos disponibles habría seguido arrojando un total de 280, cuya capitalización, *efectuada al mismo tipo,* habría justificado un precio no ya de 200, sino de 212 (en efecto, 200:264=212:280).

31. Conclusión.

Sin impuesto, la renta global de 180 correspondiente a la diferencia entre el coste de fabricación (100) y el valor de los servicios obtenidos de la máquina (280), se habría repartido así:

	Ingreso	Gasto	Renta
Al Fabricante	106	100	6
Al Primero	212	106	106
Al Segundo	280	212	68
			180

Con impuesto, esa misma renta se distribuye, en cambio, del siguiente modo:

	Ingreso	Gasto	Impuesto	Renta
Al Fabricante	100	100		
Al Primero	200	100	20	84
Al Segundo	280	200	16	64
Al Estado			36	36
				180

Lo cual significaría que en realidad el Estado ha percibido un impuesto igual, en total, al 20 por 100 de la renta (y por ello no hay que lamentar ninguna duplicación), pero lejos de incidir en la misma proporción sobre los tres contribuyentes, el impuesto habría absorbido: *al fabricante* (quien habría ganado 6 sin el impuesto y no gana nada con el impuesto) el *100 por 100* de la renta; *al Primero* (que habría ganado 106 sin impuesto y solo gana 80 con el impuesto) el *24,52 por 100* de la renta (26 sobre 106) y *al Segundo* (el cual habría ganado 68 sin impuesto y gana 64 con el impuesto) solamente el *5,88 por 100* de la renta (4 sobre 68). De la renta, bien entendido, que habrían percibido si el impuesto no hubiera existido *y, sin existir el impuesto, hubiese permanecido invariable el tipo de capitalización.*

Pero también es necesario tener en cuenta el hecho de que, por la intervención del impuesto, el *Primero* y el. *Segundo,* si bien han tenido, menores rentas, también han debido exponer capitales menores. Más exactamente, el *Primero* ha ahorrado un capital de 6 por el intervalo de tiempo transcurrido entre la adquisición y la reventa (mas si queremos concebir la renta del *Primero* como puro incremento que no incluya elementos de interés, debemos suponer aquel intervalo reducido a lo imperceptible, con lo cual el valor del ahorro de capital prácticamente tiende a anularse).

El *Segundo* ha ahorrado 12 liras sobre la primera inversión (200 contra 212), que invertidas al mismo riesgo y al mismo tipo significan en el quinquenio una renta adicional de 4. Por consiguiente, una vez hechas las cuentas debe decirse que a causa del impuesto el *Segundo* no ha sufrido en realidad sacrificios de importancia. Como de hecho es inevitable, una vez adoptado el postulado según el cual, con o sin impuesto, el *Segundo* pretendería invertir igualmente su dinero a un *tipo invariado.*

32. Ahora bien, todo este razonamiento se basa precisamente sobre el postulado de que *el impuesto no altere el tipo de interés neto y por tanto el tipo de capitalización.* Es decir, que quien, asumiendo el impuesto, está dispuesto a dar hoy 100 para tener disponibles 110 dentro de un año (una vez descontado el impuesto), sin el impuesto se contentaría igualmente con cambiar 100 hoy contra 110 disponibles al término de un año si el impuesto no existiese. Ahora bien, ¿se puede poner en duda aquel postulado?

Ciertamente no, si se considera un impuesto que grave solamente las rentas de una *categoría restringida de bienes* (o lo que es lo mismo, si se considera una imposición mayor de esas rentas con relación a cualquier otra). Si se compara la situación que se produce cuando todas las rentas están gravadas uniformemente, con la que se produce, en cambio, cuando las rentas de una sola y determinada categoría de fuentes resultan gravadas en más o en menos en relación a las otras, es cierto y muy lógico pensar que en este caso el adquirente de la fuente exenta o sobregravada siempre estará dispuesto a anticipar al propietario una suma tal que su sacrificio de ahorrador quede compensado en la misma medida en la que lo sería por la inversión —a igualdad, naturalmente, de riesgo y de cualquier otra condición— en cualquier otra categoría de fuentes, De donde se desprende la conclusión de que la sobreimposición —o la exención— de las rentas *de una sola categoría de fuentes,* no siendo apta para alterar el tipo general de interés de los capitales, se capitaliza necesariamente en un primer momento en perjuicio (o a favor) de posesores y fabricantes, hasta que la disminución (o el aumento) del precio no se «difunda» a través de la menor o mayor producción.

De esta consideración, no obstante, el único corolario que razonablemente podría obtenerse es que si a *una* fuente —o a una categoría de fuentes— se le atribuye el *privilegio* de permanecer exenta de un impuesto que grava, en cambio, todas las demás rentas, este privilegio se traduce inevitablemente en una *prima* al poseedor en forma de un aumento del valor de la fuente.

33. Por el contrario, si se quiere demostrar que el impuesto sobre las rentas, aun cuando aplicado a *todas* las rentas de manera general y uniforme, no debe ser aplicado a los incrementos de capital porque el propietario del activo incrementado ya ha soportado la carga del impuesto en forma de precio más bajo, es necesario, entonces, comparar el precio obtenido vigente el impuesto, no ya con el que se podría obtener *si,* permaneciendo tal cual la imposición general sobre todas las demás rentas, *ese único activo pasara a encontrarse en una posición de privilegio,* sino con el precio que verosímilmente se obtendría *si el impuesto no gravase ninguna renta.* Sería necesario demostrar, pues, que existiendo la imposición general *sobre todas* las rentas de todos los activos, el precio de mercado de cualquier activo resulta automáticamente menor (por un importe igual al impuesto capitalizado) en comparación con el que se formaría *si no existiese en absoluto impuesto sobre las rentas para ninguna categoría de activos.*

De manera más concreta, el único y verdadero interrogante que cuenta, a efectos de demostrar una eventual desigualdad subjetiva consiguiente a la imposición de los incrementos patrimoniales, se formula exactamente en estos términos: si pudiera suponerse que, *permaneciendo invariables todos los* datos *de la situación económica dada* —existencia de los servicios públicos, distribución del ahorro y del trabajo, cantidad y velocidad de circulación, etc.—, desapareciera la necesidad de cualquier reparto de los gastos públicos a cargo de las rentas individuales[16], ¿ha de entenderse que el tipo de capitalización permanecería invariable, o que, en cambio, aumentaría en consecuencia?

Planteada la cuestión en estos términos, es preciso reconocer que ya no es tan simple admitir que si alguno está dispuesto a anticipar 100 hoy para tener libres y disponibles (y por tanto libres de impuesto) 110 dentro de un año, cuando todas las rentas —de trabajo, de riesgo y de ahorro— se suponen reducidas en el 20 por 100 a favor del Estado, ese alguien se contentaría aún con esa misma compensación por su sacrificio de renuncia temporal cuando, por hipótesis, todas las demás rentas se encontrasen desgravadas del impuesto y por ello correspondientemente aumentadas.

En todo caso, responder a dicho interrogante no es función de los juristas, quienes deben limitarse a llamar la atención de los economistas sobre el mismo, a los cuales quizá les ha escapado la importancia decisiva que, planteada de este modo, presenta la cuestión —aun en sus aparentes términos abstractos— para la valoración jurídica de toda una serie de problemas impositivos.

34. El hecho es que sobre este tema reina entre los propios economistas una gran incertidumbre de ideas que llega incluso a la contradicción.

En efecto, cuando autores de reconocido prestigio subrayan y lamentan la desigualdad que se provocaría gravando primero el incremento de valor capital de un activo y después la mayor renta del mismo activo, apoyándose en que la reducción de la renta por efecto del impuesto se traduce ya en una reducción del valor capital, razonan, como se ha visto, sobre el presupuesto de qué si no hubiera que pagar impuestos la renta *continuaría capitalizándose al mismo tipo,* originando por tanto y en correspondencia un valor capital mayor. En otros términos, presuponen que el adquirente que existiendo el impuesto paga 100 hoy para tener al final del año una renta de 10 neta y consumible, igual a 12,50 sin deducir el impuesto, habría pagado 125 para tener una renta de 12,50 libre de impuesto y consumible si el impuesto no

16 Como es natural, la hipótesis es abstracta e irrealizable. Pero parece la única lógicamente correcta a efectos de determinar el *sacrificio absoluto* del Impuesto. La investigación sobre los efectos reales de un impuesto general sobre las rentas, en torno a la cual se afanan los economistas, efectuada teniendo en cuenta las variaciones que la necesidad de servicios públicos, el gasto correspondiente y el consiguiente reparto provocan en la circulación, la producción y la distribución del consumo, del ahorro y del trabajo, es una investigación muy útil *para otros fines – y* en particular para demostrar los efectos favorables o desfavorables para las distintas categorías de la asunción de servicios públicos por parte del Estado con el consiguiente aumento de impuestos—, mas *no para el de determinar el sacrificio teórico absoluto imputable a un determinado sistema de reparto de los gastos públicos, a efectos de comparar después entre sí los diversos sistemas de reparto posibles.*

hubiese existido. Lo que significa que para 100 de capital se habría contentado con una renta de 10.

Aquí se mantiene, pues, que el impuesto general sobre las rentas *no* reduce el tipo neto de interés. El impuesto haría posible simplemente que quien por 100 liras pretendía y obtenía 10 de interés, pretende y obtiene 12,50 (sin deducir el impuesto) apenas se establezca un impuesto del 20 por 100.

Pero sucede que poco después esos mismos autores lamentan también la llamada «doble imposición del ahorro», que se produciría gravando primero el *ahorro monetario* y después los intereses de la suma ahorrada, y esto sobre la base de que después de haberse visto reducir por el impuesto la entidad del capital, el ahorrador verá reducirse ulteriormente la renta que representa el equivalente de aquella suma ya disminuida. Ahora bien, está claro que al razonar así se presupone que el *impuesto actúa como una reducción efectiva del tipo de interés.* O lo que es lo mismo, se presupone que, si no existieran impuestos a pagar, aquel ahorrador que, vigente el impuesto, recibe 12,50 sin deducir el impuesto (y por tanto 10 netas y consumibles) por renunciar al uso de un capital de 100, habría recibido 12,50 libres y consumibles, en vez de solo 10.

Los presupuestos de los dos razonamientos son antitéticos y contradictorios, como es obvio. Si en verdad el impuesto induce al ahorrador a contentarse con 10 (efectivas y consumibles) mientras que sin impuesto pretendería y obtendría 12,50 por el mismo sacrificio, es preciso reconocer que entonces el propietario de una activo capaz de rendir 12,50 (igual —vigente el impuesto— a 10 consumibles), y que por ello, existiendo el impuesto, se demanda en el mercado a 100, obtendría igualmente 100 y no más si el impuesto no existiese. Y viceversa, si se prefiere el presupuesto contrario[17].

35. En estas condiciones, el jurista que no quiera extralimitarse en sus funciones, no le queda sino razonar a modo de dilema, dejando a los economistas el prescindir definitivamente, por superflua, de una u otra alternativa, después de una investigación más profunda sobre tan interesante problema[18].

---

17 Para una exposición más amplia del problema de la llamada doble imposición del ahorro en el plano jurídico, remitimos el amable lector al capítulo VIII.

18 Que además es, si bien se mira, el problema de las relaciones entre el tipo de interés y la mayor o menor capacidad de «rendimiento» del proceso colectivo de producción asociada. En esencia se trata de establecer con qué criterios se reparte la renta final del proceso colectivo de produción asociada entre los tres factores de producción: el ahorro, el riesgo y el trabajo, y si, y hasta qué punto, deben entenderse diferentes los coeficientes de «sensibilidad» de los tres factores al aumentar o disminuir la productividad de la empresa social. Por lo que sobre el tema deberemos volver también a propósito del problema de la discriminación de las rentas (cap. VIII).

36.a) *Primera hipótesis,* – Admitamos que – como se ve inducido a pensar el hombre de la calle – un impuesto general sobre las rentas se traduce efectivamente en una disminución general de todas las rentas, y por tanto también del tipo de interés y de capitalización, en comparación con las que deberían imaginarse en la hipótesis de referencia (puramente abstracta y teórica), o sea en la hipótesis de que no fuese necesario ningún reparto de los gastos públicos, permaneciendo invariable cualquier otro dato de la situación económica. En esta hipótesis es necesario concluir, sin más, que la temida desigualdad subjetiva no se produce.

En efecto, refiriéndonos todavía a los datos de nuestro ejemplo, recordemos que el valor de la máquina apenas salida de las manos del fabricante se elevaba a 100, frente a 132 de ingresos previstos y disponibles a lo largo del quinquenio (una vez deducido el impuesto de 16).

En la hipótesis teórica de referencia – ausencia del impuesto, invariabilidad de cualquier otro dato de la situación económica general –, aquellos 132 previstos habrían sido 140. Pero un simple cálculo demuestra que si al tipo de capitalización aceptado por el adquirente, a 32 de renta neta disponible correspondía el valor capital 100, ese mismo valor capital corresponde a la renta disponible de 40 si el tipo de capitalización se supone aumentado a su vez en el 20 por 100.

En otros términos, el valor capital no varía si varían a la vez, y en el mismo porcentaje, el tipo de capitalización y la renta capitalizada. Por consiguiente, si se admite que la existencia del impuesto del 20 por 100 sobre las rentas reduce correspondientemente el tipo de capitalización, ha de concluirse que el valor capital de un activo no es distinto, existiendo el impuesto, del que sería si el impuesto se supone inexistente.

Por la misma razón, habiéndose producido el incremento de productividad de la máquina a causa de los perfeccionamientos introducidos en la misma o de la variación del mercado, el valor capital con relación a la serie de los ingresos aumentada al doble desde 140 a 280, habrá aumentado igualmente el doble, es decir, a 200.

De manera que, en definitiva, la comparación del reparto de la renta global de la máquina existiendo el impuesto del 20 por 100, con el que debería imaginarse correspondiente a la hipótesis teórica de referencia, se configuraría así:

	Ingreso	Coste	Impuesto	Renta gastable
Con Impuesto:				
Al Fabricante	100	100	–	–
Al Primero	200	100	20	80
Al Segundo	280	200	16	64
Al Estado	–	–	–	36
Sin Impuesto:				
Al Fabricante	100	100	–	–
Al Primero	200	100	–	100
Al Segundo	280	200	–	80
				180

El sacrificio del impuesto resulta uniforme para el *Primero* (que tiene 80 en vez de 100) y para el *Segundo* (que tiene 64 en vez de 80).

36.b) *Segunda hipótesis.* – En cambio, si debiéramos admitir que por cualquier razón el tipo de capitalización permanece indiferente ante la existencia o inexistencia de un impuesto general sobre las rentas, o dicho en otras palabras, si se debiese admitir que el tipo de capitalización que se forma en una determinada situación económica que comprende un impuesto general sobre las rentas, debe postularse como intangible a la influencia del impuesto y por ello igual al que podría configurarse lógicamente si, *coeteris paribus,* el impuesto no existiese[19], entonces, en esta hipótesis, la desigualdad subjetiva resultante de la comparación expuesta en el número 31 sería indiscutible.

Pero el alcance de semejante inconveniente *iría bastante más allá del campo de los incrementos patrimoniales.* En efecto, admitido por hipótesis que el tipo se muestra refractario a verse afectado por el impuesto, no solo el impuesto sobre la *mayor* renta correspondiente a un incremento de productividad ya realizado de un bien instrumental, se proyectará de rechazo sobre el titular del activo en forma de menor valor del incremento patrimonial, sino que, en general, y con independen-

19 Adviértase una vez más la necesidad de no incurrir en el equívoco de comparar la situación que se produce existiendo un cierto aparato de servicios públicos con un impuesto correspondiente, a la situación lógicamente atribuible a la hipótesis de una situación análoga sin impuesto *pero también sin servicios públicos.* Una comparación hecha de este modo sería válida para juzgar el efecto de la presencia de los servicios públicos, pero no el de la adopción *de uno u otro criterio de reparto del gasto público.*

cia del incremento, el impuesto sobre *toda* la renta de los bienes instrumentales[20] gravaría de rechazo sobre el correspondiente productor (o sobre quien ya fuese propietario de los mismos en el momento del establecimiento o del aumento del impuesto)[21].

Efectivamente, quien tenga paciencia para volver a examinar los dos supuestos del anterior número 31, observará que junto a la desigualdad lamentable a cargo del adquirente *Primero* —titular de la máquina en el momento en que se produce el incremento patrimonial—, el cual soportaba un sacrificio de 24,52 por 100 (siempre, bien entendido, en la hipótesis de la indiferencia del tipo de interés al impuesto general sobre las rentas), se daba la desigualdad bastante más pronunciada para el *fabricante* de la máquina, respecto del, cual el impuesto llegaba a generar un sacrificio del 100 por 100. Y esta desigualdad se originaba con independencia del hipotizado incremento de productividad de la máquina.

37. En consecuencia, si verdaderamente debiésemos aceptar el postulado de una resistencia congénita de las rentas del capital a verse afectadas por un impuesto general sobre las rentas, el verdadero y único corolario lógico que debiera extraerse de dicho postulado no sería la inimponibilidad solamente de los incrementos de valor capital, sobre la base de que estos ya estarían gravados de rechazo por el impuesto que no llega a incidir sobre la mayor renta correspondiente; el verdadero y único corolario lógico, sería, en cambio, la pura y simple renuncia a lo imposible, es decir, *la exención de las rentas del capital,* con el consiguiente reparto sobre todos los demás contribuyentes —y no solo sobre los productores o propietarios de bienes instrumentales— de aquella parte de necesidades financieras que quedaría descubierta frente a la postulada imposibilidad de gravar también las rentas del ahorro[22].

---

20 Excluida, se entiende, la compensación del trabajo empleado para la explotación del bien instrumental, que no se capitaliza en el valor del activo.

21 Esta es precisamente la razón por la que, como es sabido, algunos economistas sostienen firmemente, y otros rechazan con no menos firmeza, que un impuesto uniforme y constante sobre las rentas de los capitales invertidos no sería descontado actualmente por nadie, porque quedaría amortizado por completo a cargo de quienes eran propietarios de los distintos activos en el momento de su establecimiento o de los sucesivos aumentos del mismo.

22 He aquí, con referencia a las cifras paradigmáticas del consabido ejemplo con el que hemos razonado hasta ahora, cómo quedaría repartido el sacrificio impositivo con los tres sistemas posibles (imposición de los incrementos y de las rentas, exención de los incrementos e imposición de las rentas, imposición solo sobre los incrementos), respecto a la situación correspondiente a la ausencia total de impuestos, permaneciendo, invariable el postulado del rechazo al impuesto del tipo de interés:

En definitiva: la función «reproductiva» de los servicios públicos aumenta el producto final del proceso-colectivo de producción asociada de los bienes individuales —y por tanto aumenta también las

1) *Sin impuestos:*

	Producto	Coste	Impuesto	Renta consumible
Al fabricante de la máquina	106	100	–	6
Al adquirente Primero	212	106	–	106
Al adquirente Segundo	280	212	–	68
Al Estado	–	–	–	–
				180

(El razonamiento que justifica los precios de cesión 106 y 212 es el ya expuesto en los números 29-31.)

2) *Con fe imposición aplicada al incremento patrimonial y después de la renta:*

	Producto	Coste	Impuesto	Renta consumible
Al fabricante de la máquina	100	100	–	–
Al adquirente Primero	200	100	20	80
Al adquirente Segundo	280	200	16	64
Al Estado	–	–	–	36
				180

(El razonamiento que justifica los precios de cesión 100 y 200 es el ya expuesto en los números 29-31.)

3) *Con la imposición aplicada solo a la renta de explotación, deducido el coste originario de producción* (exención de los incrementos patrimoniales).

	Producto	Coste	Impuesto	Renta consumible
Al fabricante de la máquina	100	100	–	–
Al adquirente Primero	184,80	100	–	84,80
Al adquirente Segundo	280	184,80	36	59,20
Al Estado	–	–	–	36
				180

distintas rentas individuales—, pero requiere un sacrificio correspondiente de la colectividad para la prestación de aquellos servicios.

Con arreglo a un criterio de justicia este sacrificio debería ser repartido proporcionalmente entre todos los perceptores de rentas, cualquiera que sea el tipo de su aportación (de trabajo o de ahorro) al proceso colectivo de producción, en mérito a la cual se ven compensados con una cierta cuota del producto final, que resulta aumentada por efecto de los servicios públicos.

(El precio de reventa de 184,80 liras del *Primero* al *Segundo* se justifica así; al quedar todo el impuesto [20 por 100 sobre la renta total, 180=36] por hipótesis a cargo del *Segundo,* este se encuentra frente a la serie de los ingresos quinquenales disponibles [deducido el impuesto] por un total de 244 liras (280-36). Y entonces, si la serie 132 se capitalizaba en el momento de la primera transmisión en 100 liras, la serie 224 se capitalizará en 184,80, dado que 132:100=244; 184,80.)

4) *Con la imposición aplicada únicamente a los incrementos patrimoniales* (exención de las rentas de disfrute del capital):

	Producto	Coste	Impuesto	Renta consumible
Al fabricante de la máquina	106	100	1,20	4,80
Al adquirente Primero	212	106	21,20	84,80
Al adquirente Segundo	280	212	36	66
Al Estado	–	–	–	22,40
				180

(Los precios de cesión 106 y 212 son los mismos que se formarían sin impuesto, puesto que, para el caso, la serie de las rentas del activo se contempla por el adquirente exenta de impuesto.)

La comparación de la tabla 1 con la 2 muestra que con el sistema de la imposición aplicada a los incrementos *y* a las rentas del capital invertido, se producirían —permaneciendo siempre invariable la hipótesis del rechazo al impuesto de los intereses— tres clases de desigualdad:

1) El sacrificio efectivo soportado por el fabricante frente a la que sería la situación si el impuesto no existiese (6), a causa del impuesto querido por el legislador en la cuantía del 20 por 100, sería en cambio del 100 por 100 (6 sobre 6).

2) El sacrificio efectivo del adquirente *Primero* (100-80=20) sería, en vez del 20 por 100, del 24,52 por 100 (26 sobre 106).

3) Ningún sacrificio efectivo soportaría el *Segundo,* el cual continuaría, por hipótesis, invirtiendo su capital a un tipo invariable (212x68 de renta sin impuesto, -200x64 de renta con impuesto).

De estas tres desigualdades, excluyendo de la imposición los incrementos patrimoniales (Tabla 3) se elimina *solo la segunda,* porque el sacrificio del Primero viene a resultar 106-84,80=21,20, que referido a 106 corresponde a la cuantía del impuesto del 20 por 100.

Pero si en verdad debiésemos admitir que la categoría de los ahorradores es de hecho intangible, toda vez que, con o sin impuesto, conseguirán inexorablemente obtener por su sacrificio de renuncia esa misma e intangible compensación neta, entonces no habría más remedio que resignarse a repartir también proporcionalmente entre todos los demás contribuyentes aquella parte de sacrificio que no es posible imputar a los ahorradores. Pero entre *todos,* no solo entre los fabricantes o propietarios de bienes instrumentales.

38. Con lo cual, nótese, la injusticia resultaría, en definitiva, no solo disminuida, sino quizás eliminada por completo. Porque es probable que, mirando al fondo de las cosas, nos convenciésemos de que aquella resistencia que se postulaba de las rentas de ahorro a verse afectadas por el impuesto, *o no existe* (y entonces el problema desaparece sin más), o si existe, no puede significar otra cosa sino una *rigidez* congénita de dichas rentas, las cuales serían insensibles a la existencia o inexistencia del impuesto —permaneciendo invariable cualquier otro dato de la situación económica—, *es decir, en definitiva, serían insensibles a la mayor o menor entidad de la renta nacional neta, y* por tanto también a la mayor o menor productividad del mecanismo

---

Mas las otras dos desigualdades son irremediables, y en particular la más grave, en perjuicio del fabricante. Y no acaban aquí las cosas, pues esta última acabaría por verse todavía agravada. Efectivamente, ha de subrayarse que, con el sistema en cuestión, el Estado ingresaría un importe impositivo solo aparentemente igual al correspondiente al primer sistema (imposición de los incrementos de capital y después de las rentas incrementadas por encima de la recuperación del capital, tabla 2). En realidad, con el primer sistema el Estado ingresaba 20 en el momento del incremento patrimonial y después 16 en los cinco años siguientes. Con el segundo sistema, en cambio, no ingresa nada en el momento del incremento e ingresa 36 repartidos en los cinco años sucesivos (suponiendo invariable la alícuota). Esta diferencia de distribución del impuesto en el tiempo es la razón que hace inadmisible el sistema en el plano jurídico, como ya hemos visto. En el terreno puramente económico se traduciría en un menor valor absoluto del producto recaudatorio del segundo sistema.

Lo que quiere decir que para hacer frente a la misma necesidad financiera, el segundo sistema impondría por fuerza, en comparación con el primero, una elevación de la alícuota. Por lo que la desigualdad en perjuicio del fabricante resultaría aún más intensificada.

Si se comparan ahora las tablas 1 y 4 se comprobará que con el *tercer* sistema (imposición de los incrementos y exclusión de las rentas del capital invertido) resultan, en cambio, eliminadas por completo *las dos* desigualdades rechazables en perjuicio tanto del fabricante como del adquirente Primero. También aquí la menor recaudación se traducirá en una elevación necesaria de la alícuota: la cual, sin embargo, se distribuirá, a su vez, sobré *todos* los contribuyentes, sin originar por ello nuevas desigualdades.

Nos queda la injusticia aparente del nulo sacrificio efectivo del Segundo: sin embargo, esta es irremediable por hipótesis, por haber postulado la intangibilidad del tipo de capitalización.

Y por otra parte, si debiera tenerse por cierto este postulado, la falta de sacrificio del Segundo probablemente no sería en modo alguno una injusticia, como expondremos de inmediato en el texto.

de producción asociada, a igualdad de cualquier otra condición. Pero entonces sería no ya solo inevitable, sino también justo, que esas rentas no participasen, al menos más allá de un cierto límite, en el gasto imputable a la función «reproductiva» de los servicios públicos, precisamente porque, en efecto, no participarían en el beneficio del correlativo incremento de productividad del organismo económico-social.

Si se configura la sociedad económica como una sociedad anónima, los ahorradores (es decir, aquellos que aportan al esfuerzo común de producción un sacrificio de renuncia y no de trabajo) serían —en la hipótesis que estamos examinando— simples obligacionistas, los cuales reciben de la sociedad una compensación fija e independiente de la marcha más o menos favorable de los negocios sociales, mientras que solamente serían accionistas los productores que asumen riesgo o trabajo, cuya compensación está en función directa de la rentabilidad del negocio. Si las cosas fuesen así, sería justo que los ahorradores-obligacionistas quedasen al margen del reparto del gasto de los servicios públicos que buscan incrementar la productividad del patrimonio social,. puesto que no son ellos, sino únicamente los productores-accionistas quienes se atribuyen el beneficio de semejante incremento.

39. Para completar el cuadro es necesario formular una última hipótesis, que quizá no carece de interés. Es la hipótesis de que, entre quienes sostienen y quienes rechazan la invariabilidad del tipo de interés neto con o sin impuesto, la verdad esté, una vez más, en el medio. O sea, que por la naturaleza peculiar del ahorro —que es al mismo tiempo sacrificio y necesidad—, el tipo de capitalización *sea solo parcialmente sensible* al impuesto, es decir, que allí donde un impuesto general reduce en el 20 por 100 todas las rentas de los productores, el tipo de capitalización sea susceptible de contraerse, pongamos, solo en un 10 por 100, repercutiéndose por el exceso sobre los fabricantes (o sobre los propietarios actuales) de bienes instrumentales bajo la forma de disminución del valor capital.

Por las mismas consideraciones ya expuestas, la conclusión a la que debería llegarse en esta hipótesis sería no ya la supresión, sino la *reducción* del impuesto sobre la renta pura del capital.

Esta exención parcial de las rentas de capitales invertidas, además de estar justificada —en la hipótesis que se considera aquí— como una necesidad ante la consideración técnica de que no concediéndola *de jure* el mecanismo económico la conseguiría igualmente *de tacto,* quedando injustamente a cargo solo de la categoría de fabricantes (o propietarios) de bienes instrumentales; también resultaría por sí misma conforme a justicia. Porque también aquí la hipótesis de una «sensibilidad» solo parcial del tipo de capitalización a un impuesto general sobre las rentas, no se explicaría sino como corolario de una correspondiente insensibilidad parcial de las rentas de los ahorradores a una mayor o menor productividad del mecanismo económico colectivo. Dicho en otros términos: cuando todas las rentas de los productores se viesen aumentadas en el 20 por 100 a causa de una mejor productividad del patrimonio social, la renta del ahorrador se vería aumentada solamente en un 10 por 100. Y entonces lo justo sería precisamente que el sacrificio necesario para aumentar con los servicios públicos la productividad del mecanismo económico social, los ahorradores concurriesen solo «pro-cuota» en comparación con los demás contribuyentes.

40. A modo de conclusión y resumen de cuantos razonamientos hemos expuesto en este capítulo, podemos establecer:

1) La imposición de los incrementos patrimoniales, lejos de comportar duplicación alguna, corresponde en cambio:

a) A una necesidad práctica inderogable, por la imposibilidad de identificar y deducir de los ingresos del ejercicio el coste *originario* de producción de los bienes instrumentales;

b) A una no menos inderogable *exigencia de justicia,* si se quiere acatar el principio según el cual los contribuyentes deben concurrir a repartirse en cada período financiero los gastos de los servicios públicos que condicionan la productividad del mecanismo económico colectivo, en proporción al interés que *en ese mismo período* les relaciona con aquella productividad.

2) Para el caso de que se debiera reconocer definitivamente la verdad de un postulado económico en mérito al cual un impuesto general sobre las rentas no puede incidir, o puede incidir solamente «pro cuota», sobre las rentas del ahorro y por tanto sobre el tipo neto de capitalización, debería inferirse de este postulado la existencia de una desigualdad subjetiva *temporal* en las relaciones internas entre el fabricante o el propietario de un bien instrumental y los sucesivos adquirentes en el momento de cada variación de la alícuota del impuesto. Y como consecuencia de ello, que, independientemente de cual sea el sistema de imposición, el impuesto que grava la renta del capital invertido quedaría repercutido total o parcialmente sobre el fabricante o sobre el propietario.

Esta desigualdad, sin embargo, solamente podría eliminarse por la vía de la exclusión total o parcial del impuesto sobre las rentas de capital, con el consiguiente reparto entre *todos* los contribuyentes de las necesidades financieras que no quedaran cubiertas, permaneciendo invariable la imposición de los incrementos de capital.

3) La exclusión total o parcial o la reducción parcial del impuesto para las rentas del capital resultaría —además de ajustada al fin de evitar la injusta desigualdad en perjuicio exclusivo de los fabricantes o propietarios de bienes instrumentales— intrínsecamente conforme

a justicia, en el caso de que debiera aceptarse que las rentas del ahorro son por su intrínseca naturaleza económica totalmente indiferentes o solo parcialmente sensibles al mayor o menor coeficiente de productividad del mecanismo económico social. Extremo este sobre el que tendremos ocasión de volver a propósito de la discriminación de las rentas, en el próximo capítulo VIII.

V

LA COMPENSACIÓN ENTRE LAS GANANCIAS Y LAS PERDIDAS INDIVIDUALES

1. Las consideraciones expuestas en el anterior capítulo IV, nos han situado frente al *doble* mecanismo a través del cual, cualquier economía individual consigue captar su cuota de «dividendo» —sea justa o injusta, escasa o excesiva, merecida o inmerecida— sobre el resultado final del proceso colectivo de producción:

a) El mecanismo de la inserción *directa* en el proceso colectivo de producción, que se concreta en el cambio de un cierto sacrificio de trabajo, de riesgo o de ahorro por un determinado poder de compra, cambiado después, a su vez, por bienes de consumo o reinvertido a través del ahorro en el proceso productivo.

b) El mecanismo de la participación *indirecta* en las vicisitudes del patrimonio económico colectivo, a través de las oscilaciones de los valores patrimoniales.

Y hemos examinado las razones en virtud de las cuales una aplicación coherente del principio del interés, que nos ha parecido que debíamos colocar en la base de la teoría jurídica de la contribución pública (cap. III), postula que se tengan en cuenta ambos mecanismos a efectos del reparto de la carga imputable a la función «reproductiva» de los servicios públicos; y en virtud de ello, que la correspondiente cuota individual de contribución se adecúe en su cuantía, no solo a las *rentas y* a las *pérdidas* resultantes de cualquier operación productiva, sipo también a los *incrementos y disminuciones* patrimoniales independientes de cualquier actividad y de la voluntad del contribuyente.

En este punto se plantea el problema de los límites dentro de los cuales rentas y pérdidas, incrementos y disminuciones deben reagruparse y compensarse recíprocamente para determinar un índice de interés único, con arreglo al cual determinar cuantitativamente el importe de la correspondiente obligación tributaria. Es el problema que podría llamarse de la *unidad imponible.*

2. La antigua teoría de las «contraprestaciones» —que dominaba las mentes en las que se inspiró, en la segunda mitad del siglo pasado,

nuestra legislación positiva—, remitiéndose al concepto de *consumo* de los servicios públicos de los que el impuesto debería constituir el *precio* de algún modo calculado *a forfait,* conducía a tener en cuenta el primero de los dos mecanismos antes mencionados, e incluso, y precisamente por ello, a configurar el impuesto sobre las rentas como dirigido objetivamente a gravar todas y solo las rentas en particular, *consideradas por separado como demostración de un consumo correspondiente de los servicios públicos.*

Y como quiera que, si no todas, al menos gran parte de las rentas derivan —y más hace un siglo— de un ciclo productivo referible *grosso modo* a los límites del año, resultó fácil —como precisamente hace nuestra ley positiva— identificar la unidad imponible en la *renta obtenida anualmente de cada fuente en particular,* bien sea un edificio, un crédito o el ejercicio de una determinada actividad productiva, industrial o comercial, profesional o financiera[1].

Con lo cual, en definitiva, la *compensación* se admitía solamente dentro de los estrechos límites de las rentas y de las pérdidas referidas a las distintas operaciones productivas realizadas precisamente en un mismo año y en el ejercicio de una misma actividad o en el disfrute de un mismo activo patrimonial.

3. Por el contrario, la aplicación coherente del principio del interés presenta como irrefutable un sistema mucho más amplio de *compensaciones,* en un *doble* sentido:

a) Compensación instantánea entre todas las ganancias y todas las pérdidas que se producen simultáneamente *en el ámbito de toda la economía individual del contribuyente,* tanto si obedecen a una actividad productiva cualquiera como si se configuran, en cambio, como simples *incrementos* y *disminuciones* patrimoniales.

b) Compensación sucesiva entre las vicisitudes económicas no ya simultáneas sino *sucesivas* en el tiempo.

La necesidad de compensación instantánea entre todas las ganancias y las pérdidas en el ámbito de cada economía individual, está, sin más, en el enunciado, según el cual, la cuota individual de interés en

---

1 La proposición enunciada en el texto vale también para aquellos períodos en los cuales el imponible de las categorías B y C a efectos del impuesto de riqueza mobiliaria se valoraba con referencia a la media de las rentas de un *bienio,* tomado como período para la determinación cuantitativa del mismo. También entonces, en efecto, la entidad imponible continuaba siendo la *renta del año de imposición,* pero la valoración se realizaba, preventiva y presuntivamente, sobre la base de una media de los resultados de cierre de dos años anteriores.

Resulta peculiar la situación en el impuesto sobre los terrenos aplicado sobre base catastral: él cual, por otra parte, no es en realidad un impuesto determinado cuantitativamente sobre la *renta,* sino sobre la *potencialidad del terreno para producirla,* y en definitiva, en nuestro derecho positivo, resulta ser un verdadero y propio impuesto *patrimonial.*

la productividad del organismo económico colectivo se adecúa razonablemente, en una primera aproximación (dejando a salvo la aplicación de otros posibles coeficientes), al importe global del *dividendo* en el cual se incrementa cada economía individual, participando, como ineluctable y continuamente participa, en la vida económica del organismo colectivo del cual constituye una célula inescindible, condicionada y determinada en todo momento por las oscilaciones y por el equilibrio de la masa.

Por consiguiente, ese «dividendo» debe buscarse necesariamente en la resultante algebraica de *todas* las oscilaciones económicas —ya se manifiesten en forma de rentas o pérdidas, de incrementos o de disminuciones patrimoniales— a través de las cuales se repercute en cada momento y en las distintas economías individuales el gran proceso económico de la producción organizada colectivamente.

4. Alguna mayor reflexión merece, en cambio, la compensación *sucesiva,* que en definitiva tiende a determinar los límites del período temporal dentro del cual se debe valorar unitariamente el importe del «dividendo» efectivamente percibido, a los efectos de inducir del mismo una correlativa obligación fiscal, con independencia de los que pueden haber sido los resultados del período inmediatamente, anterior o posterior.

Parece que la cuestión debe analizarse y valorarse desde dos puntos de vista distintos: es decir, mirando, de un lado, al modo como en el organismo colectivo se desarrollan en el tiempo los efectos económicos de los servicios públicos, y de otro lado al modo en que se forman, en las distintas economías individuales, y también en el tiempo, rentas e incrementos patrimoniales.

Bajo el primer aspecto se impone de inmediato la distinción entre el período financiero *contable,* dentro del cual se presupuestan los gastos y los ingresos del ente público y que, por razones prácticas, coincide necesariamente con el año natural, y aquel que, para entendernos, podríamos llamar el *período económico de los servicios públicos,* es decir, el período de tiempo en el cual se cumple el ciclo económico dentro del cual la prestación del servicio público se traduce en una mayor productividad del proceso colectivo de producción y esta productividad en una mayor cuota de «dividendo individual».

La teoría de las «contraprestaciones», hipnotizada por el momento del consumo de los servicios públicos, favorecía la ilusión de que la cuenta del gasto correspondiente pudiera presentarse a los contribuyentes de año en año sin incurrir en injusticia —y más aún, que debía presentarse de este modo por razones de justicia—, al igual que se producían y al mismo tiempo se consumían de año en año los servicios públicos.

En cambio, la teoría del interés traslada el fondo del razonamiento desde el momento del consumo al del *efecto* de los servicios públicos, valorando, se entiende, según la previsión y la apreciación que puede hacer del mismo la conciencia económico-social común. Lo que cuenta no es saber cuántas veces y cuándo este o aquel contribuyente ha pasado por esta o aquella calle consumiendo el correspondiente mantenimiento de la misma; lo que cuenta y es decisivo, por el contrario, es saber en qué medida y tiempo se puede prever que la economía individual de cada contribuyente experimentará el efecto del buen mantenimiento de las calles. Y tal efecto depende —por esa solidaridad e interdependencia en el interés, que más aún que la indivisibilidad de la prestación caracteriza a los servicios públicos contemplados por el impuesto—, no solo, y probablemente no tanto, del consumo que el interesado hará directamente de esa o aquella calle, sino del consumo que podrán hacer de las mismas todos los interesados en el proceso colectivo de producción, así como del mecanismo inextricable de acciones y reacciones, de impulsos y contraimpulsos a través del cual ese consumo acabará por traducirse en una mayor onda de producción y esta en un nivel más alto de «dividendo individual»..

Precisamente del mismo modo en que la ola que irrumpe con la marea entre las escolleras del muelle no es el efecto de los rayos que en *ese* momento y sobre *ese* muelle envía la luna, sino el efecto de la lejana y profunda oscilación que la fuerza lunar ha producido en el seno de los océanos, y que irresistiblemente se ha desplazado hasta la pequeña bahía a través de las innumerables reacciones de los miles de millones de moléculas en las que consiste y por medio de las cuales se equilibra la masa del mar.

5. Ahora bien, es evidente que, entendido de este modo, el período económico de los servicios públicos no coincide necesariamente con el año natural y, en la mayor parte de los casos —especialmente en los servicios públicos de mayor entidad: defensa, orden social, diplomacia, administración del Estado, higiene, escuelas, etc.—, se extiende *a un largo* período de años. Precisar un período medio aceptable, o incluso solo los elementos y los criterios de esta investigación, no es objeto de estos apuntes ni compete a quien los escribe. Aquí únicamente se debe fijar la proposición de principio que se desprende lógicamente de las consideraciones expuestas:

La cuota de «dividendo» que un contribuyente ha percibido en un año determinado, no es decisiva para medir la cuota justa de reparto del gasto de los servicios públicos de ese año, sino más bien *de todo el período medio que se decida adoptar en función de todas las circunstancias, habida cuenta del presumible período económico de los principales servicios públicos que entran en el cálculo.*

De cuya proposición, a su vez, se desprende como corolario inmediato una primera razón de compensación en sentido sucesivo. Y la razón es que la masa de los servicios públicos, que por cuanto hemos dicho debe considerarse como determinante del «dividendo» individual del particular contribuyente para cualquier año natural, resultará *coincidente* en gran medida con la masa de los servicios públicos que deben considerarse como determinantes del «dividendo» individual de ese mismo contribuyente para el año anterior o posterior (suponiendo, por ejemplo, que se fije en diez años el que hemos llamado «período económico medio» de los servicios públicos, tendremos que el «dividendo» individual 1945 se referiría a la masa de los servicios públicos de la década 1934-44, y el dividendo 1946 a la masa de los servicios públicos 1935-45. Las dos masas, por tanto, serían coincidentes en más de 9/10).

Por tanto, y con arreglo a un criterio de justicia, si una misma masa de servicios públicos se traduce para el mismo contribuyente en un resultado positivo en un año y negativo en el año inmediato siguiente, los dos resultados deben compensarse para que la cuantía de la obligación tributaria se determine solamente sobre el «dividendo» diferencial.

c) Pero junto a lo dicho, ha de considerarse también una razón ulterior y más importante de compensación sucesiva que resulta manifiesta apenas se considere el modo en que se producen y se repercuten por la economía colectiva a las distintas economías individuales los incrementos y disminuciones patrimoniales. Estos son, en verdad, una consecuencia de ese movimiento típica y congénitamente *oscilatorio* que en el sistema de equilibrio de los valores determina, continua y necesariamente, el proceso de producción asociada. Ahora bien, es evidente que si se quisieran determinar y cortar con el impuesto solamente las puntas situadas por encima de la línea de valor de cada activo en particular o categorías de activos, sin compensar la determinación con la de las inevitables puntas situadas por debajo, no se tardaría mucho en llegar a confiscar como renta toda la riqueza nacional. En la misma naturaleza oscilatoria de los incrementos y disminuciones patrimoniales se encuentra, pues, la demostración de la necesidad de compensarlos, al menos dentro de los límites de un período de tiempo razonable.

6. La demostración no solamente vale para la compensación entre incrementos y disminuciones de valor *de un mismo activo* en el patrimonio del particular contribuyente. La ganancia que se obtiene en un año por aumento de valor de los terrenos, debe compensarse con la pérdida que puede producirse en el año siguiente por una disminución de valor, bien sea de los mismos terrenos o bien sea, asimismo, de edificios o de cuadros. Esto es así, en primer lugar, porque el aumento

del valor de los terrenos y la disminución del valor de los edificios y de los cuadros están siempre unidos en el orden causal, en cuanto manifestaciones de ese mismo proceso oscilatorio que no afecta por separado a los distintos bienes o a las distintas categorías de bienes, sino a la totalidad del sistema de valores.

En segundo lugar, porque terrenos, edificios y cuadros son de algún modo, bajo el punto de vista en el que ahora los consideramos, otras tantas redes o antenas merced a las cuales el contribuyente logra *captar* a su favor las oscilaciones en el equilibrio general de los valores a las que da lugar el proceso colectivo de producción. Y no sería justo tener en cuenta la ganancia del pescador por el buen pez que la corriente ha llevado a la red de la derecha, sin tener en cuenta también el desgarro que la piedra transportada por la misma corriente ha producido en la red de la izquierda.

7. Adviértase ahora, entre paréntesis, que precisamente en la inevitable necesidad de la compensación sucesiva de los incrementos y disminuciones patrimoniales dentro de los límites de un razonable —pero ciertamente bastante extenso— período de tiempo, y en la imposibilidad práctica de realizar esta compensación en el cuadro de nuestro sistema positivo de imposición y con el mecanismo de liquidación vigente, es donde hay que buscar las razones más profundas en virtud de las cuales, incluso cuando la antigua teoría de las «contraprestaciones» fue sustituida por otras —las diversas teorías formuladas sobre el principio utilitarista o sobre la «capacidad contributiva»—, que no solo habrían justificado, sino impuesto, la tributación de los incrementos patrimoniales «no producidos», esta solo fue postulada por una parte de la doctrina. La jurisprudencia se ha limitado a poner de manifiesto el problema que se les plantea a los magistrados con la manifiesta tendencia a aplicar en los «hechos» el concepto de «operación productiva» con la mayor extensión posible, de tal modo que queden sujetos a gravamen el mayor número de casos prácticos de incrementos patrimoniales, asumiéndolos precisamente como elementos positivos del balance de cualquier actividad de producción *lato sensu* entendida (así, por ejemplo, todas las ganancias diferenciales obtenidas en el momento de la venta de bienes patrimoniales se han considerado, sin más, como renta de una verdadera y propia «especulación comercial» por el solo hecho de que en el acto de la adquisición pudiese descubrirse una genérica *intención* de revender; que de hecho, además, las comisiones liquidatorias solo tienden a excluir en casos muy excepcionales). Pero en los «fundamentos del Derecho» esa misma jurisprudencia nunca ha podido separarse de la concepción de la «renta» como nueva riqueza «producida» por una actividad comercial, industrial, profesional o financiera. Ni tampoco ha podido hasta el momento inducir al legislador en ese sentido.

8. No debe pensarse, sin embargo, que para las *rentas* —entendidas en el sentido técnico-jurídico de nueva riqueza «producida» como fruto de una determinada operación productiva— no existen también razones, sí bien de menor generalidad y peso, que justificarían una compensación ultra-anual, junto a las que ya hemos obtenido de las consideraciones relativas al ciclo económico de los servicios públicos productivos.

El hecho es que, si no todas, por lo menos muchas entre las rentas más importantes, especialmente de las categorías B (industriales y comercios) y A (financiamientos), se refieren en realidad a un proceso de producción, que se prolonga más allá de los límites del año. Por lo que atañe a la categoría A, basta considerar que no siempre un préstamo plurianual se puede descomponer virtualmente en una serie de sucesivas inversiones anuales distintas y autónomas, aunque solo económicamente. Son mucho más frecuentes, al menos por cuanto se refiere a los financiamientos entre particulares —que además son en la práctica la única fuente de materia imponible para la categoría A—, los casos en los que el deudor no habría asumido la financiación, o no la habría asumido en esas condiciones de onerosidad, si no se le hubiese asegurado la disponibilidad del capital *durante todo el período* previsto en el préstamo, que por lo general es superior al año[2]. Esto basta para que todas las sucesivas anualidades de interés asuman no solo la forma jurídica, sino también la sustancia económica de otros tantos simples *pagos a cuenta* efectuados y recibidos por un *negocio único e inescindible,* el cual consiste sustancialmente en el cambio de 100 hoy contra 100+X que deben entregarse en vencimientos sucesivos iguales o distintos (según que la devolución del principal se deje para el último vencimiento o se acumule, con uno u otro criterio, al pago de los intereses), en el plazo de un cierto número de años.

El elemento característico de un negocio como este es, junto a la renuncia temporal al uso del capital, el *riesgo* que el acreedor corre de perder el capital invertido en la financiación; riesgo que las distintas formas de garantía que se arbitran normalmente solo pueden delimitar y reducir de distintos modos, pero nunca eliminar, y en función del cual, precisamente, se determina la medida de la compensación.

Mas con lo dicho basta para concluir, que en realidad nadie puede decir que el acreedor haya ganado un céntimo en este negocio hasta que no haya Negado efectivamente a buen fin, o por lo menos hasta que no haya conseguido recuperar la totalidad del capital arriesgado. Si después del pago de las primeras anualidades de interés, el deudor

2 Los prestamos a plazo inferior a un año se incluyen prácticamente, en su casi totalidad, en la «industria de los pequeños prestamos», y salen de la categoría A para entrar en la categoría B.

quiebra y el acreedor no consigue recuperar íntegramente al menos el importe del principal, hay que reconocer que de ese desgraciado negocio ha obtenido no una renta, sino una pura y simple pérdida[3].

9. Por lo que se refiere a la categoría B, ha de observarse, en primer lugar, que todas las distintas operaciones que un comerciante o un industrial realizan en el ejercicio de su comercio o industria, aun cuando puedan aparecer diferenciadas entre sí y en un cierto sentido autónomas, se refieren siempre, dentro de los límites de un período de tiempo razonable —pero ciertamente superior al año—, por lo menos a una *unidad de riesgo,* en cuya virtud las pérdidas de los años malos constituyen, si no la causa eficiente y directa, al menos la *carga* económicamente inevitable de las rentas de los años buenos.

No se pueden extraer de una urna solamente números pares, sin afrontar el riesgo de extraer algún número impar. Del mismo modo sería absurdo pensar que el comerciante o el industrial pueden ejercer su comercio o su industria solo durante los años buenos, sin exponerse a soportar también el riesgo y la realidad de los años malos.

10. A esta primera consideración de la unidad de riesgo, que funde y unifica dentro de los límites de un período de tiempo razonable las rentas y las pérdidas de los distintos años, se añade, además, la otra importante consideración de la exposición más allá del año de los *capitales fijos y semifijos* (instalaciones, utillaje, almacenes, patentes, etc.). No es este el lugar para extendernos en la demostración de aquello sobre lo que todos están hoy de acuerdo, esto es, que basta la existencia de los capitales fijos y semifijos, para configurar la llamada «renta contable» anual de una empresa industrial o comercial como el resultado de una valoración compleja en la cual entran, a modo de factores de importancia esencial, una serie de simples *hipótesis* sobre la trayectoria presumible de la línea que expresa el valor patrimonial de la empresa. De modo que, en rigor, el período de valoración de la renta empresarial debería coincidir, por lo menos, con el de amortización de los capitales fijos.

11. La conclusión de los razonamientos expuestos hasta ahora es, por tanto, que, en línea teórica la unidad imponible debería quedar determinada solamente por el resultado global de todas las rentas y las pérdidas, los incrementos y las disminuciones patrimoniales que para cada contribuyente en particular se producen en el ámbito de un razonable período medio *superior al año,* que los técnicos deberían

3 Tan irresistible es la fuerza de las cosas, que en estos casos la Administración se ha visto obligada a disponer mediante «instrucciones» expresas la restitución del impuesto percibido anualmente sobre las distintas anualidades de intereses; a pesar de que semejante reembolso no está respaldado por ningún instituto de nuestro derecho positivo.

apreciar de distinto modo, con mayor o menor aproximación, teniendo en cuenta principalmente:

a) la naturaleza y los efectos económicos de los servicios públicos que entran en el cálculo de la carga a repartir, con arreglo al «dividendo» individual;

b) las distintas categorías de activos (por lo que se refiere a los incrementos patrimoniales);

c) las distintas categorías de rentas y —en el ámbito de las rentas industriales y comerciales— los diversos tipos de estructuras empresariales.

Esta conclusión teórica podría quizá conciliarse satisfactoriamente con las exigencias de la práctica, teniendo por firme la determinación y la imposición anual de las *rentas* (entendida la expresión en el sentido técnico-jurídico ya elaborado por la doctrina y la jurisprudencia), dejando a salvo la compensación de todas las rentas y de todas las pérdidas de cada contribuyente dentro de los límites del año; pero añadiendo un *control patrimonial* periódico (por ejemplo, cada cinco o diez años), con motivo del cual se llegaría a la imposición de los incrementos patrimoniales, compensándolos, no solo con todas las disminuciones patrimoniales producidas en el período, sino también con los resultados negativos de las liquidaciones anuales para los años en los que hubiese habido pérdidas.

Naturalmente nada impediría que el período de control patrimonial, para algunas categorías particulares de activos, pudiese ser alargado o recortado de distintas formas.

12. Esta conclusión, que a primera vista puede parecer una complicación difícilmente soportable para el ya tan fatigoso y rudimentario dispositivo del mecanismo fiscal de liquidación, abre en cambio la vía para llevar el actual sistema de liquidación, fundado esencialmente, si no exclusivamente sobre la irrealizable *ilusión* de poder reconstruir *a posteriori* los hechos de gestión y la historia económica de cada contribuyente, hacia un mecanismo fundado esencialmente en el *control patrimonial periódico* del contribuyente: control que, por referirse a una realidad *actual* y objetivamente exploradle en el momento mismo en el que se discute y establece, ofrece unas posibilidades bien distintas de investigación y de liquidación.

Pero sobre este tema, merecedor de la más atenta consideración, volveremos de propósito en el último capítulo, después de haber agotado la exploración —aunque sumaria y de primera aproximación— que estamos haciendo sobre las aplicaciones lógicas en el plano dogmático del principio jurídico del interés.

VI

EL PROBLEMA DE LA «DISCRIMINACIÓN» DE LAS RENTAS

1. Considerando firme el principio según el cual solo *una parte* de los gastos públicos, a determinarse en relación con la función «reproductiva» de los servicios públicos, debe repartirse en función del «dividendo» individual (capítulo III), y una vez reconocido que para determinar ese dividendo deben hacerse concurrir juntos rentas «producidas» e incrementos patrimoniales (capítulo IV) oportunamente agrupados en el tiempo, (capítulo V); se plantea ahora el problema de ver, si es justo, y por qué, «discriminar» el tratamiento tributario según la fuente o el título económico de los que provienen la obtención de las distintas rentas o incrementos en la economía individual del contribuyente.

2. Como es sabido, nuestra ley positiva procede por *clasificación de fuentes* y grava con alícuotas sucesivamente decrecientes:

a) Las rentas del *capital.*

b) Las llamadas rentas *«mixtas»* de capital y trabajo (industrias y comercios).

c) Las rentas de *trabajo,* divididas en las dos subclases de rentas de trabajo independiente (C-1) y dependiente (C-2).

La clasificación se basa, por tanto, en la *dicotomía* capital-trabajo. Y el tratamiento más favorable de las rentas cuando en la correspondiente fuente predomina el elemento trabajo sobre el elemento capital, se ha justificado por los autores con dos clases de razones, a saber: razones de orden *social,* que se refieren a la mayor consideración a que se haría acreedor el fruto «merecido» del trabajo, por contraposición al fruto «no merecido» del capital; y razones de orden económico, que se resumen en la menor «disponibilidad» para el consumo inmediato de las rentas de trabajo —destinadas a ser ahorradas en parte— en comparación con las del capital.

Hay que reconocer que desde el punto de vista de la «contribución justa», es decir, la que tiende a realizar como un fin en sí mismo el reparto justo de los gastos públicos en aplicación del principio jurídico del interés, la valoración de estos argumentos nos deja muy perplejos.

3. Los argumentos de carácter sociológico son ciertamente dignos de la máxima consideración, pero se reconducen en realidad a una crítica del mecanismo de distribución del dividendo social.

El que dice que las cincuenta liras (o él correspondiente valor en bienes de consumo) recibidas a cambio de una jornada de trabajo, son dignas de mayor respeto que las cincuenta-liras obtenidas, en cambio, como compensación del sacrificio de aplazar en un año el disfrute de mil liras ganadas con anterioridad, no dice, en realidad, otra cosa sino que le parece injusto que a la ventaja natural del ahorro —que es la de la seguridad del mañana—, se deba añadir un premio ulterior en forma de interés.

Quien se limita, en fin, a considerar dignas de menor respeto las cincuenta liras que el plutócrata obtiene por cada mil liras no consumidas de sus muchos millones de un capital que con toda su buena voluntad no conseguiría consumir, en comparación con las cincuenta liras que pueden constituir el justo premio del sacrificio cotidiano del pequeño ahorrador que renuncia a disfrutar de una parte de la renta de su trabajo, no dice otra cosa sino que no le parece justo que el premio del ahorro deba ser uniforme para todos y prácticamente determinado para todos con arreglo al sacrificio máximo de la última dosis de ahorro que es necesario aportar para satisfacer la demanda del mercado.

Ahora bien, estas dos apreciaciones de justicia social pueden tener un peso y un valor, al igual que los tienen ciertamente las reservas de la misma índole que también pueden formularse sobre la justicia social de la remuneración de las diversas categorías de prestaciones personales (comparando, por ejemplo, la escasa remuneración del músico de orquestina con las compensaciones quizá menos sudadas y, sin embargo, tan espléndidas del concertista de moda, o las pocas liras del «cachet» cinematográfico con los fabulosos ingresos del «divo» que otra cosa no aporta sino su nariz fotogénica), y más todavía sobre la justicia social de la distribución de los beneficios.

No hay duda de que con el mecanismo actual de distribución de los productos del proceso colectivo de producción, que reposa todo él sobre el equilibrio y la dinámica de los precios, las cuotas de «dividendo» individual resultan con frecuencia fuertemente desiguales y «merecidas» en unas ocasiones más y en otras menos. Pero en este punto nos hallamos completamente fuera del terreno de la justicia tributaria, es decir, del *justo reparto de los gastos*. Aquí está en juego un problema muy distinto, el de la llamada justicia social, que también quiere decir el de la justa *distribución del producto* del proceso colectivo de producción.

Y por esta razón basta que nos remitamos a las consideraciones con las que, ya desde el capítulo I, se ha tratado de advertir el peligro de confundir los dos problemas, que para ser discutidos con provecho deben ser ante todo diferenciados con absoluta claridad.

4. Pasamos, pues, a los argumentos de orden económico, que deberían justificar un diverso y más favorable tratamiento de las rentas de trabajo en comparación con las de capital. Es inútil volver aquí sobre las antiguas disputas entre «actuarios», «funcionarios» y «millanos», sobre la necesidad y la lógica de reducir al valor presente las rentas de trabajo, temporales por esencia, para hacerlas homogéneas a las rentas de capital, consideradas como virtualmente perpetuas.

La respuesta de Mill —la temporalidad de la renta está ya compensada por la correspondiente temporalidad del impuesto— podía ser discutible frente a un impuesto programáticamente temporal como era entonces el *income tax,* pero todos la reconocen ahora como definitiva en relación con un impuesto general y perpetuo.

Prácticamente, el argumento fundamental que, presentado de distinto modo, todavía se aduce por los economistas para justificar la discriminación en el terreno económico, es la observación de que mientras la renta de capital, al poder continuar generándose indefinidamente mientras no se afecte al capital, es por ello mismo *inmediatamente consumible en su totalidad,* la renta de trabajo, en cambio, no se produce sino durante una parte de la vida del contribuyente, de tal modo que está *destinada naturalmente a un consumo parcialmente diferido.*

En este punto del razonamiento se sitúa el teorema de Mill de la llamada *doble imposición* del ahorro, con arreglo al cual sería injusto gravar la renta ahorrada del mismo modo que la inmediatamente disfrutada. Y de la combinación de aquella observación y de este teorema se extrae la conclusión de que resulta necesario reservar un tratamiento más favorable a las rentas del trabajo, precisamente para tener en cuenta la presumible cuota de ahorro necesario que dichas rentas comportan en comparación con las rentas de capital.

5. Pero después de los razonamientos que expusimos a propósito de la imponibilidad de los incrementos de capital, es fácil demostrar que la relevancia, por no decir la validez del teorema de Mill, depende por completo de la concepción *jurídica* del impuesto a la que se quiera aplicar, y que dicha relevancia desaparece sin más *cuando se trata,* como ahora se trata aquí, *de un impuesto jurídicamente entendido como reparto del gasto imputable a la sola función «reproductiva» de los servicios públicos,* impuesto que debe determinarse cuantitativamente sobre la

renta entendida como índice fundamental del interés individual en la productividad del conjunto social.

Los términos del razonamiento formulado para demostrar la llamada «doble imposición» del ahorro son, en verdad, exactamente recíprocos de los del razonamiento formulado, para demostrar la «doble imposición» de los incrementos patrimoniales.

En efecto, para el ahorro, con más claridad todavía que para los incrementos patrimoniales, no hay duda de que no se trata de verdadera y propia *duplicación,* sino, en su caso, solamente de *desigualdad subjetiva.* Cualquiera puede observar que si un profesional gana 10.000 liras y acto seguido, en vez de consumirlas, las coloca consiguiendo transformarlas en 10.500 al final de un año, no existe duplicación si el impuesto grava no solo las 10.000 liras ganadas como compensación y fruto del sacrificio del trabajo, sino también las 500 posteriormente ganadas como compensación y fruto del sacrificio del ahorro.

Se discute, no obstante, si es justo gravar *inmediatamente* las 10.000 liras y después las 500 liras al final del año, o si no sería más justo, en cambio, esperar a gravar también las 10.000 liras en el momento del consumo. Se dice: si en presencia de una renta producida y *consumida* de 10.000 liras se pretende un impuesto del 20 por 100, el contribuyente paga 2.000 liras y todo acaba ahí. Pero si en presencia de una renta producida *y ahorrada* de 10.000 liras se pretende gravar primero el impuesto del 20 por ciento sobre las 10.000 liras ahorradas, y después, todavía, sobre las 500 liras de renta que aquellas 10.000 generaron —supuesto un tipo de interés del 5 por 100—, se comete una injusticia.

Efectivamente —se señala—, si el tipo de interés es del 5 por 100, disponer de 10.000 liras hoy es *perfectamente equivalente* a disponer de 500 liras al año durante *X* años, más 10.000 liras al final de *X* años: tan cierto es ello que cualquiera puede cambiar las 10.000 liras actuales contra el derecho a recibir precisamente 10.000 liras al término de *X* años y 500 liras al año, hasta el final de ese período. Por contra, *no es modo alguno equivalente* pagar 2.000 liras de impuesto y terminar el asunto (como hace quien consume su renta apenas producida), o pagar 2.000 liras de inmediato y después todavía 100 liras al año durante *X* años (como debe hacer aquel que se ve inducido, u obligado, a ahorrar, es decir, a postergar en *X* años el consumo de las 10.000 liras de renta producida). El razonamiento concluye señalando que, para restablecer la equivalencia, haría falta gravar ciertamente las 500 liras anuales de renta del ahorro, pero al mismo tiempo reenviar al momento del consumo el gravamen de las 10.000 liras ahorradas. Ocurriría entonces que pagar 100 liras al año durante *X* años y 2.000 liras al final del período, equivale precisamente a pagar de inmediato 2.000 liras, con lo que las posiciones resultarían igualadas para los dos contribuyentes.

Sin embargo, como quiera que por razones prácticas ese reenvío de la imposición al momento del consumo no parece realizable, se llega a la solución de compromiso consistente en gravar *menos* la renta de trabajo, con el fin de tener en cuenta aquella cuota de dicha renta que se presume necesariamente ahorrada.

6. También este razonamiento[1], al igual que el que se oponía al gravamen de los incrementos patrimoniales, postula, en primer lugar, que se de por resuelto el problema previo relativo a la relación entre tipo de interés e impuesto *general* sobre las rentas. Y, casualmente, postula que ese problema se de por resuelto en sentido contrario a aquel en que lo consideraban resuelto los contrarios a la imposición de los incrementos. Estos pensaban, como se recordará, que el impuesto *no* llega a incidir sobré el tipo de interés, quedando, por tanto, amortizado en forma de menor valor del capital; de tal suerte que, si existiendo el impuesto general sobre las rentas, un activo idóneo para producir una renta anual de cinco sujeta a la detracción del 20 por 100 (y por tanto correspondiente a una renta de cuatro libre de impuesto), adquiere un Valor capital de 100, habría que decir que si el impuesto general sobre las rentas no existiese, ese mismo activo correspondería a un valor capital de 125, porque el adquirente continuaría aceptando recibir cuatro de renta disponible por cada 100 de capital, y por tanto capitalizaría no ya a 100, sino a 125 la renta disponible de cinco que ese capital le aseguraría si el impuesto se supusiera inexistente.

Ahora bien, si se debiese tener por firme este postulado, sería necesario concluir de inmediato que quien ahorra las 10.000 liras ganadas, aplazando el consumo de las mismas al final de *X* años e invirtiéndolas mientras tanto al 5 por 100 incluido el impuesto (y por tanto el 4 por 100 disponible), soporta, en efecto, el sacrificio del impuesto sobre las 10.000 liras producidas y acumuladas, *pero no soporta después ningún sacrificio impositivo real sobre las 500 liras anuales de interés.* Es verdad, efectivamente, que esas 500 liras se reducen a 400 a causa del impuesto, pero también es verdad que el contribuyente, por la hipótesis que se postula, se hubiera conformado precisamente con las mismas 400 liras disponibles si el impuesto no existiese.

En otros términos, exista o no exista el impuesto, 10.000 liras inmediatas continuarán siendo equivalentes, por hipótesis, a 10.000 liras dentro de *X* años más 400 liras netas y disponibles al año. Y he aquí, entonces, que el contribuyente-ahorrador, que paga 2.000 liras por las

---

1 El cual, entre otras cosas, exigiría que por coherencia las grandes rentas fuesen gravadas *menos* que las pequeñas, pues no hay duda de que la presumible cuota de ahorro tiende a aumentar una vez superado un cierto límite de renta. En realidad, el consumo de bienes susceptibles de disfrute directo que puede hacer un contribuyente tiene límites bastante estrechos, y una vez superados estos todo el excedente de renta se destina necesariamente al ahorro.

10.000 liras que ahorra para recibir después 400 liras (libres de impuesto) durante *X* años, no soporta ningún sacrificio efectivo mayor que aquel que paga igualmente 2.000 liras sobre las 10.000 liras que consume sin demora.

7. Pero hemos visto también que aquel postulado de la indiferencia total del tipo de interés a un impuesto general sobre todas las rentas, se encuentra todavía *sub judice.* Hasta el punto de que con mucha frecuencia esos mismos economistas —y no entre los menores— que lo presuponen cuando razonan sobre los incrementos patrimoniales, parecen rechazarlo después implícitamente cuando pasan a lamentar la «doble imposición del ahorro», o viceversa.

En espera de que los economistas profundicen definitivamente sobre la cuestión, se debe razonar también, pues, sobre el postulado opuesto, es decir, que quien acepta recibir cinco liras de renta incluido el impuesto del 20 por 100 —y por tanto cuatro efectivamente disponibles— por las 100 liras ahorradas, pretendería y obtendría cinco liras enteramente disponibles sí, *coeteris paribus,* no existiese el impuesto general; lo cual significa admitir que un impuesto general sobre las rentas incide, reduciéndolas proporcionalmente, sobre todas las rentas, bien sean de *trabajo, de riesgo o de ahorro.*

Si partimos de este postulado, resulta indiscutible que quien ahorra y coloca las 10.000 liras, soporta por efecto del impuesto un sacrificio relativamente mayor que quien se apresura a consumir sus 10.000 liras apenas producidas.

En efecto, si *no* existiese el impuesto, el primero dispondría por hipótesis de 500 liras al año durante *X* años, y después de 10.000 liras al final de X años. A causa del impuesto debe contentarse con 400 liras al año, por lo que soporta, efectivamente, una reducción de 100 liras al año durante *X* años, que se añaden a las 2.000 liras de impuesto que paga —al igual que el contribuyente-consumidor— sobre las 10.000 liras producidas y ahorradas.

Ahora bien, como ya hemos visto, pagar 2.000 liras hoy es lo mismo que pagar (al 5 por 100) 100 liras al año durante *X* años y después 2.000 liras al final de ese período, pero obviamente es *menos* que pagar 2.000 liras hoy y después, todavía 100 liras durante *X* años.

8. Aunque esta mayor onerosidad de la obligación tributaría es *perfectamente justa* a la luz de los principios que venimos desarrollando hasta el momento.

El hecho es que cuando se afirma que disfrutar hoy de 10.000 liras *es lo mismo* que disfrutar de 500 liras al año durante *X* años y, además, de 10.000 liras al final de ese período, y que, por tanto, debería comportar el mismo sacrificio impositivo, se afirma una cosa que, en realidad, no tiene sentido; en efecto, esa afirmación queda desmentida por el hecho de que algunos prefieren disfrutar en seguida de sus 10.000 liras y no estarían dispuestos a cambiarlas ni siquiera, quizá, contra el derecho a disfrutar de 10.000 liras anuales y 10.000 liras solo al final de *X* años, mientras que otros prefieren las 500 liras anuales más 10.000 liras a plazo, y quizá se contentarían también con solo 300 liras al año, sin descartar el que estuvieran dispuestos a pagar alguna cosa para tener la seguridad de volver a encontrar intactas y utilizadles dentro de *X* años esas mismas 10.000 liras de las que hoy pueden disponer[2].

Por tanto, la única comparación correcta que se puede establecer es entre el contribuyente que produce 10.000 liras hoy y después las transforma, ahorrándolas, en el disfrute de 500 liras anuales durante X años, más 10.000 liras después de X años, y el contribuyente que, en cambio, produce y disfruta directamente de 500 liras al año durante X años y de 10.000 liras al final de X años.

Es innegable que, al pagar el primer contribuyente el impuesto sobre las 10.000 liras hoy, y el segundo, en cambio, solo al final de X años, la obligación tributaria —a igualdad de alícuota— resulta más onerosa para el primero que para el segundo. Pero esta mayor onerosidad está justificada precisamente por el hecho de que el impuesto sobre el que se discurre aquí quiere ser solamente la contrapartida justa del mayor o menor interés individual a través del cual cada contribuyente está ligado al proceso colectivo de *producción* de los bienes individuales. Ahora bien, el que con un sacrificio de trabajo produce hoy 10.000 liras y después, con un sacrificio posterior de ahorro, transforma esas 10.000 liras en 500 anuales más 10.000 liras después de X años, tiene por la productividad de la hacienda social un *interés distinto* y *diversamente distribuido en el tiempo* que el que pueda tener aquel que durante X años produce solo. 500 liras y después 10.000 liras al final de. X años.

El primero participa por 10.000 liras en el esfuerzo y el resultado de la producción *en el primer año,* y después solo por 500 liras en el esfuerzo y el resultado de la producción de los X años siguientes. El segundo, por el contrario, participa solo por 500 liras en el esfuerzo y el resultado de la producción en X años y después por 10.000 liras en el último año. En consecuencia, es pura y simplemente justo que el primero contribuya más a los gastos públicos del primer año y menos a los del último, y viceversa el segundo.

2 Quizá debería observarse que el tipo de interés corriente en el mercado será el correspondiente al sacrificio marginal de la *última y más onerosa* dosis de ahorro que es necesario movilizar para atender a la demanda del mercado. De donde se deduce que para todos los demás ahorradores pre-marginales, el intercambio de bienes presentes contra bienes futuros no expresa una equivalencia, sino que se concreta en un excedente.

9. Por otro lado, tampoco es cierto que sea la misma la «utilidad» de quien ahorra las 10.000 liras durante *X* años contra 500 liras de intereses, y la de quien produce y disfruta de 500 liras durante *X* años y después, todavía, produce y disfruta de 10.000 liras al final de *X* años.

Y no es cierto por la razón de que a la «utilidad» correspondiente al consumo de 500 liras durante *X* años y de las 10.000 liras a plazo, el ahorrador añade el disfrute de la seguridad, que adquiere y posee desde el primer año, de poder disponer de las 500 liras anuales durante *X* años y de las 10.000 liras a plazo, la cual sustituye a la incertidumbre que afecta al contribuyente-consumidor durante todo el período.

Por una y otra razón debe concluirse en el sentido de que el peligro de la temida «doble imposición» del ahorro —o más exactamente, el peligro de *una mayor onerosidad* del impuesto sobre la renta ahorrada— queda sin más excluido: esa mayor onerosidad, o no existe, o sí existe resulta perfectamente justificada y justa.

10. Llegados a este punto nos encontramos de nuevo, pero ya sin los argumentos tradicionales, frente al problema de la discriminación. ¿Debemos resolverlo en sentido negativo y concluir que el impuesto justo *no* permite una discriminación de tal género?

Quién así concluyese de forma apresurada olvidaría una verdad de la experiencia, que el jurista ve confirmada en los más diversos campos del Derecho. Cuando una determinada solución se ha encontrado justa y como tal se ha impuesto en la práctica durante un período de tiempo bastante considerable, sobre la base argumentos que se muestran lógicamente insuficientes ante un examen atento, siempre es necesario buscar, más allá de los argumentos declarados, las razones más profundas y verdaderas que con frecuencia de manera inconsciente han promovido y sostenido aquella práctica.

Y más aún, casi siempre estas razones se encuentran tanto más justas y penetrantes, aunque permanezcan en el estado de simples intuiciones, cuanto más claramente insuficientes aparezcan los argumentos oficialmente declarados y dados por buenos. Porque la verdad es que al encontrar «justa» o «injusta» la solución de un problema jurídico, el hombre obedece al final, no tanto a la lógica de los razonamientos —que el intelecto le dicta ex *post* para explicar la solución adoptada— cuanto a la sensibilidad de su conciencia jurídica. Los mismos jueces, por lo demás, acaban casi siempre por buscar la motivación *después* del fallo de sus sentencias; y cuando las sentencias que contienen una cierta solución son muchas, la eventual fragilidad de la motivación debe ofrecer un motivo adicional para pensar que la máxima es justa, si ha podido imponerse y mantenerse a pesar de la fragilidad del aparato lógico que en apariencia la sostiene. Es lo que sucede con la discriminación de las rentas, la cual, en efecto, acaba por ser acogida y tenida por justa sin vacilación, incluso por aquellos autores que no creen en la necesidad de evitar la temida «doble imposición» del ahorro.

Y efectivamente, mirando un poco al fondo de las cosas, no parece difícil llegar a establecer contacto con las verdaderas razones que abonan en justicia la discriminación de las rentas.

11. Para empezar, existe una primera razón —y una razón formidable—, en cuya virtud la renta producida y *no* consumida ha de concurrir al reparto general de las necesidades financieras actuales *menos* —y mucho menos— que la renta producida y *consumida*. La razón consiste en que aquel que produce una determinada renta y acaba ahí, goza de los servicios públicos (pongamos de la paz social, de la defensa exterior, de la bondad de las comunicaciones, de la justicia y de la higiene) una *sola* vez, mientras que aquel que simultáneamente produce y disfruta su renta goza de aquellos servicios *dos veces*, a saber: cuando produce la renta y cuando la consume.

Los productores-ahorradores son condueños que se sirven del ascensor común solo para subir; mientras que los productores-consumidores lo utilizan para subir y descender. Es lógico y justo, por tanto, que los primeros concurran menos que los segundos a los gastos comunes.

Esta irrefutable razón de tratamiento diverso estuvo ciertamente presente en la intuición, por no decir en la argumentación, que apoya la discriminación de las rentas. Sin embargo, carece de valor para nosotros en este lugar, puesto que ya le otorgamos la consideración que merece cuando previmos (capítulo III) el triple y concurrente reparto de las necesidades financieras con arreglo a la renta, al patrimonio y al consumo. Los rentistas-ahorradores solo concurrirán, por tanto, al reparto de la carga que de forma preliminar se habrá decidido imputar a la función «reproductiva» de los servicios públicos. Y distribuida, por ello, en función del «dividendo» individual. Los rentistas-consumidores, en cambio, concurrirán *también y por añadidura* al reparto de la carga ulterior que se habrá decidido imputar a la función «de disfrute» de los servicios públicos, y distribuir por ello en función del consumo.

Con lo cual la posición de unos y otros permanece igualada en orden al reparto de la carga imputable solamente a la función «reproductiva».

12. Pero hay una segunda razón de discriminación que también debemos considerar, y es esta: que las rentas de capital se valoran, de manera individualizada, una vez deducida la cuota de reposición del activo, mientras que las distintas rentas de trabajo se determinan sin tener en cuenta el coste de producción y conservación del activo «hombre» que las produce.

Si un propietario, para trabajar sus campos, toma en arriendo un tractor o un par de bueyes, el canon que satisface no se considera renta, sino después de haber deducido del mismo el coste de la gasolina y del aceite necesario para alimentar la máquina, o el coste del heno necesario para alimentar los bueyes. Así como una cuota de recuperación del coste de fabricación de la máquina o de crianza de los bueyes. Y viceversa, si del trabajo del campo sé encarga un bracero, el jornal completo satisfecho a este último se considera sin más como renta.

La consecuencia es que antes de calcular el imponible global de cada contribuyente, parecería justo, en efecto, discriminar las rentas de, trabajo. Pero al solo efecto de deducir *del conjunto* de todas las rentas de trabajo imputables a cada contribuyente, una cuota, que para entendernos podemos llamar *cuota de reintegración individual,* suficiente para asegurar el mínimo de vida física del trabajador y para recuperar los gastos de manutención y de educación profesional. Después será una cuestión de técnica tributaria plasmar la exigencia de esta deducción en forma de reducción porcentual de la renta —o de la alícuota—, o más bien, y esto parece más justo, en forma de detracción fija de una suma más o menos graduada en relación con las distintas categorías de trabajadores[3].

En cualquier caso es obvio que semejante detracción nada tiene que ver con el instituto del «mínimo imponible», es decir, de un mínimo por debajo del cual no se admite gravamen alguno, pero superado el cual toda la renta queda íntegramente gravada (y sobre el problema de los mínimos imponibles, véase *infra* capítulo X).

La cuota de reintegración, en cambio, se detrae siempre y en cualquier caso —una vez y solamente una—, cualquiera que sea el importe de la renta global del trabajo.

13. Pero existe, en fin, una tercera y quizá más importante razón de discriminación: y es la diversa «sensibilidad», o si se quiere el diverso grado de rigidez de las rentas frente al mayor o menor grado de productividad de la hacienda social.

Imaginemos una sociedad económica sin servicios públicos, o con los servicios públicos reducidos a un mínimo absoluto. En el caso límite, una sociedad sin ejército permanente, sin segundad pública, sin mantenimiento público de las calles, sin Tribunales, sin escuelas públicas Es muy cierto que en una sociedad estructurada de este modo, el ahorro y el trabajo correrían mayores riesgos y por esto mismo se-

---

3 Una primera aplicación en este sentido se ha producido en nuestro derecho positivo con el reciente DLL de 19 de octubre de 1944, número 384, el cual prevé precisamente la detracción de una cuota fija (impropiamente llamada mínimo exento) de 12.000 liras de las rentas de la categoría C-2 (trabajo dependiente) y de 6.000 liras de las rentas de la categoría C-1 (trabajo independiente).

rían menos fecundos, los intercambios más lentos y difíciles, el crédito más incierto, y todo el ritmo de la producción más lento y debilitado, la vida menos rica y serena. Sin embargo, y sin duda, los hombres conseguirían producir —aunque menos— y vivir —aunque peor— incluso con los servicios públicos reducidos a un mínimo; y hasta si se quiere a cero.

Si entonces quisiéramos representarnos, en esa hipotética sociedad sin servicios públicos, la condición de las distintas categorías económicas, podríamos suponer que el tenor de vida de los simples braceros, de los trabajadores más rudos, de aquellos, en suma, que aportan al proceso colectivo de producción un simple y puro sacrificio de fatiga física material, no es muy distinto del de sus humildes colegas insertos en una colectividad con mayor desarrollo de servicios públicos «reproductivos».

El bracero de Marsica o el pescador de Calabria no obtienen, probablemente, de su invariado trabajo mayor «utilidad» al final de la jornada que la que obtenía su lejano antepasado en los tiempos de Roma, cuando la relación entre gastos públicos y privados era quizá una centésima parte de la que es hoy.

Ha de añadirse que tampoco encontraríamos muy distinta, quizá, la situación del puro y simple ahorrador, es decir, de quien al margen de todo riesgo se limita a vender un mero sacrificio de renuncia. Aparte de las fluctuaciones dependientes del oscilante equilibrio entre demanda y oferta, no parece que el tipo medio de interés haya aumentado de hecho o sea susceptible de aumentar en proporción y por efecto del crecimiento de la productividad de la hacienda social.

Esto significa, como es obvio, que la mayor productividad de la hacienda social consiguiente al desarrollo de los servicios públicos tiende a traducirse en una mejor, relativamente, *preferencial* de la situación de los industriales, de los comerciantes, de los financieros, de los grandes propietarios y, asimismo, de los artistas, de los profesionales, de los artesanos, es decir, de aquellos que más o menos intensa y exclusivamente, a través de una gama indefinida de matices, participan de ese tercer elemento fundamental de la renta que es, junto al puro salario y al puro interés, el *beneficio.*

14. De estas simples y someras observaciones, en cuyo análisis más profundo no entramos en este lugar, parece que pueden deducirse con suficiente tranquilidad estos dos enunciados de principio:

1. La función «reproductiva» de los servicios públicos se concreta simplemente en provocar o condicionar un *incremento* de productividad de la hacienda social.
2. El incremento de productividad de la hacienda social asegurado o permitido por el, sucesivo desarrollo de los servicios públicos

«reproductivos», *no* se traduce en un incremento patrimonial del «dividendo individual» de todas las distintas categorías económicas, resultando, por el contrario, más favorecidas las rentas de *beneficio* en comparación con las rentas de puro salario y puro interés, con la consecuencia de que el interés de los perceptores de (mero) salario o de (mero) interés en la función «reproductiva» de los servicios públicos resulta, *cetesis paribus,* menor que el de los perceptores de beneficios.

Y de aquí, precisamente, la principal e insuprimible razón y función de la discriminación de las rentas, incluso dentro de los límites del reparto de los únicos gastos imputables a la función «reproductiva» de los servicios públicos, a saber: la necesidad de tener en cuenta y corregir el distinto grado de sensibilidad, o si se quiere la diversa capacidad de absorción de los sucesivos incrementos de productividad de la hacienda social consiguientes a la actuación de los servicios públicos[4].

De algún modo, en suma, se reproduce en la sociedad económica la situación de los acreedores, de los socios y de los empleados de una sociedad privada. Al límite, es decir, si se supone que los acreedores perciben un simple interés fijo y los empleados un salario igualmente fijo, con independencia de la mayor o menor renta de explotación de la empresa, la discriminación entre las tres categorías debería ser absoluta, lo que significa que los gastos tendentes a mejorar el coeficiente de «rendimiento» del patrimonio social más allá del límite suficiente para la cobertura de los intereses y los salarios, deberían repartirse exclusivamente a cargo de los accionistas. En cambio, si se supone que además del interés corresponde a los acreedores una prima limitada, referida, hasta un cierto límite, a la renta de explotación, entonces deberá concluirse que también el gasto realizado para incrementar la

4 Con esto, se explica también por qué se tiende instintivamente a gravar más las rentas del trabajo *independiente* —que llevan consigo un mayor margen de *beneficio* y una mayor *sensibilidad* a los incrementos de productividad de la empresa social— y menos las del trabajo *independiente,* aunque la necesidad de ahorro, la incertidumbre y la variabilidad se hallen en gran medida más acentuadas en las primeras que en las segundas.

La explicación que se ha tratado de ofrecer invocando el distinto margen de evasión, es solo parcial Y tanto más si se considera que, al menos para los empleados en empresas privadas, el margen de evasión ha sido, hasta el establecimiento del reembolso obligatorio, quizá incluso mayor que para los trabajadores independientes. La verdad es que al distinto grado de fluidez de la renta y a la consiguiente menor certeza que se da en el trabajó independiente, se hace frente con la liquidación *presuntiva, y* no ya con la desigualdad de las alícuotas (que además grava indistintamente rentas ciertas e indiscutibles como las que —y son tantas— derivan necesariamente con absoluta precisión de sentencias, actos administrativos, contabilidad de grandes empresas, etc.). Y es una verdad que se habría impuesto en gran medida si bajo aquella aparente explicación no hubiese existido la intuición de esta otra verdad: que las rentas del trabajo dependiente son en gran medida *menos* sensibles que las demás a los incrementos de productividad de la empresa social. Y por ello mismo menos interesadas en la función «reproductiva» de los servicios públicos.

productividad de la empresa deberá repartirse asimismo a cargo de los obligacionistas, pero en medida limitada y hasta el punto en el cual la renta supere el límite de indiferencia para los obligacionistas. Y análogamente en el caso de los empleados.

15. De las consideraciones anteriores se desprende una conclusión de notable importancia, también práctica. La de que quizá ha llegado el momento de sustituir la actual discriminación por simple *clasificación* de las fuentes de renta en las tres categorías de rentas de «puro trabajo», de «puro capital» y «mixtas», por una discriminación por *descomposición de* cada renta en los tres factores: salario (que se entiende aquí como el precio del puro y simple sacrificio del trabajo), interés (entendido como el precio del puro y simple sacrificio del ahorro y prescindiendo del elemento del riesgo) y beneficio (que entendemos como todo lo que no es ni salario ni interés, y que en concreto es la prima del riesgo o el efecto del privilegio).

En realidad, cuando se habla de rentas de «puro capital» o de «puro trabajo» se expresan solo dos conceptos-límite que casi no tienen correspondencia en la realidad, al no existir, podemos decir, renta de capital que no requiera también una cierta dosis de trabajo —aunque solo fuese para buscar la inversión idónea, efectuarla, seguir sus vicisitudes, asegurar la recuperación de la misma— y al existir todavía menos renta del trabajo que no presuponga un mínimo de capital, sin que haga falta decir que frente a los pocos casos que en términos aproximados se quisieran asumir como hipótesis aceptables de «puro capital» o de «puro trabajo», se extendería de todos modos sin límite la masa gris de los casos en los que capital y trabajo confluyen en una gama infinita y continua de matices.

A efectos prácticos, todo el mundo advierte que es mucho más injusto discriminar, como actualmente sucede, la renta del dentista (categoría C-1) de la del artesano (categoría B), y situar, en cambio, juntos la renta de este último con la de la gran industria hidroeléctrica, de lo que lo sería actuando precisamente al contrario.

Pero sobre todo la clasificación fundada sobre los dos únicos elementos del «capital» y del «trabajo» tiene el defecto de hipnotizarse sobre lo que es el *medio* y olvidar la *causa* de la producción de la renta. El hecho es que el proceso de producción de nueva riqueza se concreta ciertamente en una transformación del *capital* por obra del trabajo; pero para realizar el fenómeno de la renta es necesario sobre todo afrontar el *riesgo* de que no surja de la combinación la nueva riqueza, o sea la renta. Ahora bien, es precisamente este factor riesgo el que influye de modo decisivo sobre el valor del producto de la combinación J cuando la combinación se logra —y en especial sobre la elasticidad del valor y, por tanto, sobre la mayor o menor sensibilidad a las vicisitudes del proceso colectivo de producción—.

Si esto es así, la aplicación coherente del principio del interés exige que sé dejen aparte los dos *elementos* (capital y trabajo) y se tengan en cuenta, en cambio, los tres *factores* de la renta: el sacrificio del ahorro, el sacrificio del trabajo, la iniciativa y el riesgo de la combinación. Será necesario, pues, discriminar en cada renta en particular, el interés, el salario y, por diferencia, lo que para entendernos seguiremos llamando beneficio.

Se verá entonces, por ejemplo, que *fórmula* de la renta del leñador o del sastre resulta bastante próxima a la de la renta del dentista o del oculista (prevalencia de trabajo), pero muy distinta, en cambio, de la de la gran industria hidroeléctrica (prevalencia del capital) o del peculador de Bolsa (prevalencia de riesgos), las cuales, a su vez, difieren entre sí bastante más de cuanto, pongamos, puedan diferir la «fórmula» de la renta de una sociedad de seguros sobre la vida de la de la renta de un préstamo hipotecario, y así sucesivamente. Como es natural, en correspondencia con el diverso grado de «sensibilidad» a la función reproductiva de los servicios públicos, la alícuota aplicable a las cuotas de beneficio debería resultar sensiblemente *mayor* que la aplicable a las cuotas de (puro) salario y quizá también de la aplicable a las cuotas de (puro) interés.

16. En la práctica, la discriminación de la cuota de (puro) *interés* no daría lugar a dificultades serias. Bastaría valorar el capital invertido en la producción de la renta y aplicar a ese capital el tipo de interés corriente para las inversiones de puro ahorro (o sea, exentas en lo posible de riesgo). Nótese que esa valoración, existiendo ahora el impuesto ordinario sobre el patrimonio, no supone para las oficinas liquidadoras ese exceso de trabajo que en otros tiempos hubiera podido parecer una dificultad insuperable. Por el contrario, puesta en relación con la alícuota que se desea *más baja* para aplicarla al interés en comparación con el beneficio, la discriminación interna así realizada ofrecería un instrumento precioso de investigación en manos de la Administración financiera.

En efecto, establecida para las cuotas de interés una alícuota más favorable, el contribuyente, que en el impuesto sobre el patrimonio tiene el mayor interés en declarar y sostener la valoración más baja posible, se encontraría investido de un contra interés en declarar y sostener la valoración *más alta posible* en el impuesto sobre la renta. Cuanto más alta resulte la valoración del capital invertido, tanto mayor será la correspondiente cuota de interés gravable con alícuota más favorable en comparación con el beneficio residual, Y es evidente la ventaja que puede obtener la Administración de una situación como esta, para llegar en poco tiempo, mediante una apropiada maniobra de alícuotas, a un censo patrimonial de los contribuyentes documentado y fiable, que constituye además, como dentro de poco veremos mejor, la base fundamental e imprescindible para un mecanismo tributario eficiente.

17. Ha de tenerse en cuenta la resistencia que puede suscitar la propuesta de gravar el interés del capital *menos* —y claramente menos— que el beneficio, frente a la larga tradición que lleva a considerar las rentas de puro capital-momo merecedoras de la máxima alícuota. Y, sin embargo, se puede observar en seguida que la única razón que justificaba esa tradición era la presencia de una cuota de trabajo creciente en todas las rentas que no fueran de «puro capital». Por contra, aquí ya no se trata de comparar rentas de capital y rentas mixtas de capital y trabajo o hasta de puro trabajo, sino simplemente de situar frente al puro interés el puro beneficio *ya depurado por otro conducto de las cuotas de trabajo*. De un lado, por tanto, la compensación a un sacrificio de renuncia con frecuencia bastante duro, y de otro lado el buen fin de un simple azar (el cual, entiéndase bien, encuentra ya su contrapartida fiscal en la detracción de las pérdidas por los negocios frustrados —veáse capítulo V—), o incluso de una verdadera y propia situación de privilegio.

Por otra parte, obsérvese bien, la menor alícuota tampoco significará que el consumidor de intereses pague, en definitiva, impuestos menores que el consumidor de beneficios. Puesto que aquél, a diferencia de este, deberá concurrir también en proporción a su capital a aquella parte de las necesidades financieras imputables a la función «de conservación» de los servicios públicos (*infra*, capítulo VII).

El hecho es que el ahorrador está interesado en menor medida en los servicios públicos solo por lo que atañe a la función «reproductiva» que estos pueden cumplir favoreciendo el incremento de la producción de bienes individuales; pero, viceversa, está particularmente interesado en los servicios públicos por su función «de conservación», es decir, en cuanto idóneos para asegurar y facilitar la posesión pacífica y la conservación de los bienes individuales. Y por esta parte, él y solo él, soportará la carga financiera en el ámbito precisamente del impuesto sobre el patrimonio.

18. Menos fácil y necesariamente más aproximativa resultará la discriminación entre el beneficio y la cuota-salario, entendida Pomo el precio del puro y simple sacrificio del trabajo. Y sobre todo será necesario afrontar la importante cuestión de principio relativa al gravamen de las llamadas super-rentas profesionales.

Desde hace mucho tiempo, y más bien como intuida que como definida exigencia de justicia, se advierte la oportunidad de discriminar rentas «normales» y «super-rentas», para sujetar las segundas a una imposición más severa en comparación con las primeras. Y es probable que esta difusa aspiración a una sobreimposición de las super-rentas, ya se habría llevado a la práctica si no hubiese chocado contra la grave dificultad de lograr un acuerdo sobre lo que deba entenderse por renta «normal».

Pero si bien se mira, esta dificultad no depende tanto de una verdadera imposibilidad de fijar un concepto de «normalidad» aplicable en la práctica, aun habiendo de aceptarlo con un amplio margen de aproximación, sino que depende, en cambio, de la dificultad de precisar *por qué* una renta «normal» debe pagar menos impuesto que una renta menos «normal».

Las consideraciones que anteceden quizá permiten responder satisfactoriamente al interrogante. El comerciante que consigue ganar el 20 por 100, el concertista que gana 100.000 liras —o como se oye decir de alguna celebridad— hasta 1.000.000 de liras por concierto, deben pagar relativamente más que el comerciante que permanezca en los límites del 8-10 por 100 o del cantante que se limita a percibir 2.000 liras, no ya solamente por el hecho de que el 20 por ciento o las 100.000 liras sean menos «normales» que el 10 por 100 o las 2.000 liras, *sino porque su «anormalidad» pone de manifiesto una correspondiente excedencia del factor beneficio sobre el factor salario:* a cuya excedencia corresponde, además, una distinta y mayor «*sensibilidad*» y una dependencia más estrecha de la renta de las vicisitudes del proceso colectivo de producción.

19. No interesa preguntarse, a los efectos de la justicia tributaria, si es «justo» o menos justo, que un concertista gane 100.000 liras por tarde. Pero, en cambio, es importante reconocer que solo hasta un cierto límite la remuneración de ese concertista es el equivalente económico de su sacrificio de trabajo, mientras que más allá de dicho límite el excedente se convierte en una verdadera y propia participación en el beneficio del empresario.

Se puede pensar, por ejemplo, que si los solistas no percibieran al menos el doble de lo que perciben los simples profesores de orquesta, en poco tiempo no se encontraría quien estuviese dispuesto a afrontar los muchos mayores sacrificios de estudios, de espera, de preocupaciones y de fatigas que impone la carreta del concertista en comparación con la del simple profesor de orquesta.

Pero además, bien porque en un cierto momento el número de los concertistas disponibles en el mercado musical resulta particularmente reducido, o bien porque un determinado concertista sobresale de modo excepcional sobre los demás, sucede que la compensación efectivamente percibida se sitúa sensiblemente por encima de la medida que, para entendernos, podemos considerar como el patrón objetivamente necesario para compensar el mayor sacrificio de la carrera, añadiéndose una super-renta que podemos llamar de contingencia.

No por esto la remuneración efectivamente percibida podrá considerarse «injusta» a *priori*, puesto que, por regla general, siempre corresponderá al valor del servicio que el concertista presta al empresario. Ahora bien, mientras la parte correspondiente a la cuantía relativa al sacrificio de trabajo resulta menos sensible a la productividad de la hacienda social, la super-renta de contingencia —cuota parte del beneficio de la empresa— está influida de forma más directa e inmediata por las vicisitudes del proceso colectivo de producción.

20. En este punto el problema se desplaza hacía el plano técnico, reduciéndose a determinar en concreto el *standar* a discriminar como cuota-salario, de la super-renta de contingencia a discriminar como cuota beneficio. Problema probablemente insoluble, si se enfoca buscando la solución «científicamente» exacta, porque en verdad no es posible determinar para cada una de las infinitas y posibles categorías y variedades de trabajos, la compensación que ha de considerarse como equivalente económico del puro sacrificio del trabajo. Pero no es imposible llegar a discriminar la super-renta de contingencia, por lo menos en los casos más evidentes y significativos, si aceptamos la aproximación no «científica» pero suficiente para aquella «simple y sencilla» justicia que la conciencia económico-social es capaz de apreciar.

Así, por ejemplo, en orden a las rentas de los comerciantes e industriales, se podrá discriminar como renta de trabajo una cuota referida a las rentas medias de las correspondientes categorías de dirigentes de empresas ajenas. Para las rentas de los profesionales y artistas se podrá tomar como referencia la renta media percibida por la mayoría numérica de los adscritos a la categoría, y así sucesivamente. La justicia absoluta en materia estimativa es necesariamente un concepto límite; pero reconocida la exactitud de ese concepto-límite que corresponde a la justicia, no hay razón para renunciar a llevarlo a la práctica solo porque no parezca posible hacerlo sino hasta el límite de una cierta aproximación.

VII

LA IMPOSICIÓN SOBRE EL PATRIMONIO

1. El impuesto sobre el patrimonio —nos referimos, naturalmente, al impuesto *ordinario*— suele analizarse y valorarse por los economistas como detracción de una parte *de la renta* determinada cuantitativamente sobre el capital. Y su función —y justificación— específica debería ser la de *corregir la imposición-directa sobre las rentas,* mediante una mejor discriminación entre las rentas «fundadas» —que en definitiva resultarían más gravadas al verse incididas por el impuesto sobre las rentas y por el impuesto sobre el correspondiente capital— y las rentas «no fundadas», las cuales, exentas de la imposición patrimonial, resultarían en fin de cuentas menos gravadas.

Mas concebido así, el impuesto sobre el patrimonio presenta dos graves defectos, que reducen su idoneidad para esa imaginada función discriminadora. En primer lugar, el valor capital de un activo no está en relación con la renta efectiva, sino solo con la renta previsible. Una máquina, una instalación industrial, un negocio, pueden tener un valor ingente (el que corresponde a la renta qué un eventual comprador podría prever que obtendría de los mismos) y mientras tanto no arrojar sino pérdidas a su inepto o desgraciado propietario actual.

En segundo lugar, la imposición de los valores capital discrimina ciertamente a favor de las rentas de trabajo, *pero discrimina también al propio tiempo a favor de las rentas de puro beneficio* que derivan del riesgo. A igualdad de renta, en efecto, el valor de una inversión es tanto menor cuanto mayor es el azar. De tal suerte que, en definitiva, la renta del especulador resulta menos gravada que la del puro y simple ahorrador. Y esto, por las razones expuestas en el capítulo anterior, parece ser precisamente lo contrario de lo que se debe exigir a una imposición justa sobre la renta.

En resumen, si verdaderamente el impuesto patrimonial debiese servir simplemente para completar la discriminación de las rentas, ha de señalarse que este objetivo se alcanzaría mucho mejor a través de un oportuno sistema de alícuotas o de coeficientes de reducción del imponible.

2. Ahora bien, las conclusiones a las que llegamos razonando sobre la discriminación funcional de los servicios públicos (capítulo III), ya nos mostraron la verdadera función y la insustituible justificación de la imposición sobre el patrimonio, basada sobre la necesidad de tener en cuenta el interés de la función «conservativa» de los servicios públicos.

Hemos visto que muchos de los servicios públicos, si no todos, sirven de modo principal o subsidiario, exclusivo o concurrente para conseguir no solo, o no tanto, la *producción* más segura y fácil de la riqueza individual, sino también, y antes incluso, la *conservación* de la misma. Quien quiera participar en el proceso de producción de los bienes individuales se interesa ciertamente por el orden público y la seguridad pública, por la pronta y segura administración de la justicia, por la paz social, por la misma seguridad y rapidez de los intercambios, y así sucesivamente; pero también se interesa quien pretenda simplemente conservar —*in natura* o en valor— la riqueza anteriormente adquirida para poder tenerla disponible al cabo de un tiempo. Los guardias, los jueces, los reformatorios, los hospicios, los subsidios de desempleo ayudan al empresario, al agricultor, al profesional o al artesano a ganarse lo que será el «dividendo» respectivo sobre el reparto del resultado final del proceso colectivo de producción, pero también ayudan al simple poseedor, y no en menor medida, a conservar con seguridad y dispuesta para el uso en los graneros y en las cajas fuertes, o en los Bancos, la riqueza obtenida con anterioridad.

Y si esto es así no sería justo que quien este año gana *y después conserva durante diez años* y el undécimo consume, concurriese al reparto de los servicios públicos que han hecho posible esa conservación, en la misma medida que quien en un solo y único año gana y consume. De donde se desprende la necesidad de repartir también (o solo) con relación a la riqueza *conservada* la carga de los servicios públicos que sirven *también* (o solo) a la conservación de la riqueza individual. Y he aquí, en consecuencia, la verdadera y esencial función de la imposición patrimonial: repartir en proporción al patrimonio la carga de los gastos públicos imputable a la función «conservativa» de los servicios públicos.

3. A partir de aquí, determinar en concreto la carga financiera imputable a la función «conservativa» de los servicios públicos, claro está, ya no es un problema jurídico, sino un problema técnico; que los estudiosos de la economía y de la estadística deberán resolver con ese mayor o menor grado de exactitud que permita la técnica y aconseje la política. Se podrá entonces discriminar un porcentaje de la carga global de los gastos públicos o, en cambio, examinar analíticamente los distintos servicios. Se podrá, para cada servicio en particular o categoría de servicios, aceptar un criterio de prevalencia, o bien llegar para

cada uno a una discriminación más o menos aproximada de cuotas. Pero lo que importa subrayar aquí es que cualquiera que sea el criterio y cualquiera que sea el nivel de aproximación en el que decidamos pararnos, siempre se habrá avanzado en el sentido de una mayor justicia: puesto que —y esto es todo lo que el jurista ha de decir sobre el tema— *la mayor o menor justicia de la relación entre la imposición sobre el patrimonio y la imposición sobre la renta depende directa y esencialmente de la mayor o menor correspondencia de esa relación con la existente* (en una determinada organización de servicios públicos) *entre la función «conservativa» y la función «reproductiva» de los servicios públicos.*

Pensar que pueda ser «justa» la relación existente en un determinado momento entre las dos imposiciones, significa pensar que pueda ser aceptablemente adecuada a la relación entre las dos funciones correspondientes de los servicios públicos. Fijar esa primera relación al albur, o en mérito a consideraciones puramente políticas, sin referencia a una valoración de la segunda relación, aunque sea aproximada, equivaldría, en el terreno de la justicia; a pretender establecer una graduación de penas sin referencia a una previa y correspondiente graduación de delitos.

4. Identificada la función no es difícil deducir de la misma dos principios que deben informar en justicia la estructura jurídica de la imposición patrimonial. Así, resulta claro en seguida que la riqueza conservada corresponde al valor *neto* del patrimonio individual. La necesidad de deducir las *deudas (bona non intelliguntur nisi deducto aere alieno)* deriva de que la deuda —en la medida en que tenga cobertura efectiva en el activo del deudor— no es en esencia otra cosa sino conservación de riqueza por cuenta del acreedor, sin que por esto, nótese, sea necesario un vínculo real de inherencia jurídica de la deuda a determinados bienes. De donde se desprende lógicamente la deducibilidad de *todas* las deudas que graven el patrimonio de cada contribuyente, y por tanto, la naturaleza necesariamente *personal* que deberá adoptar la imposición patrimonial.

Por contra, un crédito puede constituir una riqueza incluso cuando no encuentre cobertura en el patrimonio actual del deudor, en cuyo caso su contenido y su valor dependerán, como es obvio, de la solvencia futura del deudor. De donde se desprende que el gravamen a cargo del *acreedor* puede estar justificado —dejando a salvo la valoración, que *no* será necesariamente coincidente con el importe nominal del crédito— *con independencia de una deducción correspondiente a favor del deudor.* Y viceversa. Como es evidente, no debe confundirse el instituto de la *deducción* de las deudas con el gravamen eventual de determinados créditos (por ejemplo, de acreedores extranjeros) *a nombre del deudor, dejando a salvo el derecho de reembolso.*

5. Sobre la cuestión de la proporcionalidad o progresividad de la imposición patrimonial trataremos más adelante *ex professo* (capítulo IX). Aquí podemos apuntar de momento que si se acepta, por las razones que en su lugar examinaremos, la proporcionalidad del impuesto, la deducción entonces de una determinada *categoría* de deudas puede sustituirse en la práctica por la exclusión del impuesto de los correspondientes créditos, al menos cuando se trata de créditos *fructíferos*. La no imposición del crédito *se traducirá automáticamente, en efecto, en una menor onerosidad* de la deuda, en relación con la cuantía del impuesto, y el deudor vendrá a encontrarse en definitiva en la misma condición en la que se habría encontrado en el supuesto de la deducción de la deuda, habida cuenta de la imposición del correspondiente crédito.

Esta observación resulta de la máxima importancia, porque puede permitir en la práctica la eliminación del obstáculo —de otro modo quizá insuperable— constituido por las deudas bancadas, cuya inclusión en la deducción conduce a posibilidades de evasión particularmente preocupantes.

6. *Todos* los bienes —salvo aquellas limitaciones que puedan establecerse por consideraciones exclusivamente prácticas— deberían concurrir a constituir el patrimonio imponible, sin distinción entre bienes fructíferos e infructíferos, instrumentales o de consumo, muebles o inmuebles.

A propósito de lo cual interesa remitirse una vez más al principio fundamental de que el criterio determinante del reparto no lo constituye el *consumo* efectivo de los servicios públicos, sino, por el contrario, el *interés* en la función «conservativa» de los servicios públicos, cuyo interés es función *del valor* —y no ya de la simple identidad física— de la riqueza conservada.

Esto significa que por la inescindible interdependencia de todos los factores que contribuyen a determinar las sucesivas puntualizaciones del equilibrio económico, cada poseedor de riqueza está interesado no tanto en la prestación de aquellos determinados servicios que directamente favorecen la conservación de esta o aquella categoría específica de bienes (utilidad «diferenciada»), cuanto en la prestación de todo el conjunto de los servicios públicos que aseguran un determinado grado de conservación de la riqueza en esa determinada sociedad económica (utilidad «indiferenciada»).

Y si el establecimiento *ex novo* de un determinado servicio (en hipótesis, contraincendios) se tradujese tal vez en una peculiar —y más o menos extraordinaria y temporal— «ventaja preferencial» para aquellos que en el momento del establecimiento del servicio poseen una determinada categoría de bienes (en hipótesis, bosques, casas de madera), se entraría entonces en el campo del impuesto especial o de la contribución especial, mediante los cuales esa ventaja preferencial debería ser absorbida a favor de la colectividad en su conjunto.

7. Además de la entidad de la riqueza conservada, la cuota individual de interés en la función «conservativa» de los servicios públicos depende del otro valor fundamental: *el tiempo*. Conservación significa, en efecto, disponibilidad prolongada durante un determinado período de tiempo, mientras que la comprobación de la entidad del patrimonio individual no puede hacerse sino con referencia a un determinado *momento* en el tiempo. Y las sucesivas comprobaciones deben hacerse necesariamente guardando entre ellas una separación temporal congruente, por la necesidad práctica de referirse simultáneamente a la situación patrimonial de todos los contribuyentes.

Se trata, pues, ante todo, de elegir oportunamente el *intervalo de tiempo,* y después de inducir de la comparación entre las comprobaciones instantáneas de la riqueza existente al principio y al final del intervalo, la entidad de la riqueza conservada durante el propio intervalo. Y como en el mismo intervalo se producen variaciones y oscilaciones, bien sea en la composición objetiva de los activos, bien sea en su valor, cuyas variaciones y oscilaciones ya se deben tener en cuenta como otros tantos hechos jurídicamente relevantes a los efectos de la imposición de la renta (capítulo IV), nace, de un lado, el problema de las *rectificaciones* y *desgravaciones* que se producen en el período de referencia, y de otro lado, el problema de los criterios de valoración, que puede verse influido por la mencionada interferencia entre determinación patrimonial y determinación de la renta. Pero estos son problemas de carácter esencialmente técnico. En términos teóricos, interesa afirmar dos principios:

1) El hecho jurídicamente decisivo para medir la cuota de contribución individual es la disponibilidad de una determinada entidad de riqueza durante un determinado período de tiempo. De donde se desprende el corolario de que la riqueza disponible en cada momento del tiempo no puede Ser en términos teóricos sino la correspondiente al *valor de mercado,* que es precisamente la medida del poder de cambio y de consumo que la riqueza poseída representa en ese momento.

2) La circunstancia de que se tome en consideración una determinada variación del valor que se produce en un activo durante un cierto período de tiempo, a los efectos de la imposición sobre las rentas y como incremento patrimonial, *no* comporta en absoluto que deba prescindirse de esa variación a los efectos de la imposición sobre el patrimonio.

En palabras pobres: si el inmueble de Tício valía 100 el 1 de enero y vale 120 el 31 de diciembre, este hecho no se descompone lógicamente en adquisición de un incremento de riqueza 20, más conservación de una riqueza 100, sino, por el contrario, en la adquisición de un incremento 20, más conservación de una riqueza creciente *de 100 a 120* y que por ello es asimilable —si se supone que la variación se produce de manera uniforme a todo lo largo del intervalo de tiempo considerado— a la conservación de una riqueza constante de 110.

Y recíprocamente se entiende en el caso de inverso de variación en disminución.

En la práctica esto significa que, pudiéndose considerar el valor del patrimonio individual periódicamente comprobado (pongamos al 31 de diciembre de cada año) como valor medio del período que comprende en el centro el momento de la comprobación (en nuestra hipótesis, el período 1 de julio-30 de junio), no podría hablarse de duplicación por la concurrencia de la imposición sobre el patrimonio comprobado en un determinado momento con la imposición del incremento patrimonial que se produzca respecto a la comprobación anterior.

8. Resta aludir a un delicado problema, que en verdad no es jurídico ni técnico, sino típicamente económico, y qué por ello bastará esbozar aquí por lo que puede significar su relevancia jurídica indirecta.

Establecido en principio que el coste imputable a la función «de conservación» de los servicios públicos deberían pagarlo por razones de justicia quienes conservan riqueza y en relación con la cuantía y el tiempo de la conservación, se plantea la duda de que si es económicamente posible llegar a este resultado.

La duda obedece a que un impuesto ordinario sobre el capital, por poco que se prevea constante su alícuota, puede aparecer como un impuesto típicamente amortizable; es decir, que tenderá a descontarse de una vez en forma de una reducción del valor capital de los distintos activos patrimoniales correspondiente al impuesto capitalizado, permaneciendo incidido de este modo a cargo solamente de quienes poseen esos activos en el momento del establecimiento —o de las sucesivas agravaciones— del impuesto, o que sucesivamente los producen.

Si, no existiendo el impuesto, un activo cualquiera vale 100, el día en que por el solo hecho de poseerlo deberá pagar el poseedor, supongamos, un impuesto del 1 por 100 al año, ese mismo activo ya no valdrá 100, sino (suponiendo un tipo de capitalización del 5 por 100) solamente 83,33: con un impuesto correspondiente de 0,83 liras que el adquirente habrá descontado al 100 por 5 en 16,66 liras actuales (que deducidas del valor originario 100 dan precisamente el nuevo y menor valor de 83,33). En relación con lo anterior, quien quiera obtener en préstamo 100 liras deberá resignarse a pagar al acreedor no ya solo cinco liras al año (si es 5 el tipo de interés), sino cinco liras libres del impuesto anual de una lira, y por ello seis liras efectivas.

En definitiva, pues, el impuesto sería descontado no por los futuros conservadores de bienes, sino solo y totalmente por los actuales titulares y productores de los bienes de capital —cuyo valor verían recortado de golpe—, y en un segundo momento por los consumidores, puesto que la reducción del precio de los bienes de ahorro acabará por equilibrarse a través de una contracción de la producción y un aumento correspondiente de los precios al consumo.

9. Es claro que la verosimilitud de este razonamiento depende por completo, una vez más, de que, con o sin impuesto, permanezca invariable el tipo efectivo de interés y de capitalización, entendido como el importe de la compensación efectivamente disponible (y por ello libre de cargas impositivas) que el ahorrador consigue obtener en contraprestación de un determinado sacrificio de renuncia.

Nos encontramos, pues, frente al problema de los límites de intangibilidad del interés, el cual, sin embargo, ha de tratarse esta vez en relación no ya a un impuesto general sobre las rentas, sino a un impuesto que grave solamente todas las rentas *de capital.*

Ahora bien, por las mismas razones ya expuestas en los capítulos anteriores, no parece posible adoptar como cierta y segura una u otra solución. Y tanto más puesto que no se trata de valorar los efectos sobre el tipo de interés de la existencia o inexistencia de un determinado conjunto de servicios públicos, con la consiguiente absorción y redistribución de los medios financieros necesarios, sino saber si *permaneciendo invariable cualquier otro dato de la situación económica* la aplicación de un impuesto general sobre las rentas de capital llega o no a incidir sobre el tipo de interés o queda necesariamente en todo o en parte rechazada y amortizada.

Por lo demás, también aquí parece probable que no existe *a priori* uña solución única y constante, sino que la mayor o menor *sensibilidad* al impuesto del tipo de interés quizá dependa solamente de un conjunto de variables Correspondientes a múltiples factores de la situación económica global.

10. En todo caso no corresponde al jurista pronunciarse sobre un problema tan típicamente económico. Debe observarse, sin embargo, que si se admite que una determinada situación económica el tipo de interés neto que se forma en presencia del impuesto no debe ser menor que el atribuible lógicamente a la hipótesis teórica de referencia de inexistencia del impuesto, permaneciendo invariable cualquier otro dato de aquella situación económica, con esto mismo se postula una rigidez de la relación entre el sacrificio del ahorrador y la compensación que consigue obtener, por efecto de la cual la mayor com-

pensación que correspondería a la hipótesis de ausencia del impuesto quedaría automáticamente absorbida y amortizada bajo la forma de mayor valor capital de los bienes de ahorro.

Pero entonces esa misma absorción y amortización debería admitirse también para la ventaja consistente en la conservación más fácil y económica del ahorro que comporta la función «de conservación» de los servicios públicos, cuya carga, por hipótesis, es la única que consideramos aquí.

Lo que significa que la hipotizada y más o menos integral capacidad para amortizarse del impuesto sobre el patrimonio, lejos de traducirse en una injusticia real sería más bien providencial, porque compensaría la correspondiente amortización de las ventajas de conservación asegurada por los servicios públicos a los que el impuesto corresponde.

En otros términos, al igual que un impuesto ordinario sobre el valor capital de un activo se concreta necesariamente en una reducción de la renta efectivamente disponible, así también, y en correspondencia, los servicios públicos, en cuanto procuran una mayor seguridad y economía en la conservación de los bienes de ahorro, se traducen a su vez en un aumento de la renta efectivamente disponible por disminución del riesgo y de los gastos de conservación del capital.

Los mismos argumentos, por tanto, que en una determinada situación pueden apoyar la conclusión de que el impuesto sobre el patrimonio no se descuenta realmente por el poseedor actual del activo, porque la mayor renta correspondiente a la hipótesis de inexistencia del impuesto *no* se traduciría en un incremento del tipo de interés, sino, por el contrario, en un aumento correspondiente del valor capital hasta reconstruir ese cierto tipo de interés, esos mismos argumentos, decimos, nos servirían al mismo tiempo para añadir que la mayor renta correspondiente a los menores gastos y riesgos de conservación del capital resultante de la función «de conservación» de los servicios públicos se traduce en un aumento correspondiente del valor capital. Por consiguiente, si el poseedor actual del activo no soporta realmente el sacrificio del impuesto, esto significaría que no disfruta en realidad ni siquiera de la ventaja de la conservación más fácil y económica. Y puesto que solo aquí radica la función «conservativa» de los servicios públicos que se tiene en cuenta, la observación resulta de importancia decisiva en el plano de la cuestión de la justicia.

VIII

LA IMPOSICIÓN SOBRE EL CONSUMO

1. Nos resignamos, por lo general, a reconocer a la imposición sobre los consumos una función de *sustitución* y *corrección* del impuesto sobre la renta: una función de simple remedio práctico contra las inevitables evasiones y desigualdades en la determinación de las rentas. El ideal teórico continuaría siendo la imposición general y uniforme de las *rentas,* pero si recortamos las rentas —se dice— no solo a la entrada, sino primero a la entrada y después a la salida del patrimonio del contribuyente, habremos disminuido las desigualdades, al no haber razón para pensar que precisamente esa misma renta que a la entrada ha escapado al recorte impositivo o respecto de la cual ese recorte no ha resultado justo por exceso o por defecto, encuentre la misma suerte también a la salida. De tal suerte que los errores y las evasiones de una u otra forma de imposición acabarán por compensarse recíprocamente en medida mucho mayor que en la que puedan excepcionalmente sumarse.

2. Este razonamiento contiene innegablemente un núcleo de verdad, a tenor del ordenamiento tributario vigente. Pero si se recuerda que el producto recaudatorio de los impuestos sobre los consumos supera por sí solo al de la suma de todos los impuestos directos, y si además se considera el modo en que la imposición sobre los consumos se elabora y aplica en la práctica, gravando por separado una serie limitada de productos y servicios que no corresponden ni a todos ni a los principales gastos de cada contribuyente; aplicando los criterios de imposición más diversos y las alícuotas más dispares, sin ninguna relación precisa de correlación recíproca, y, sobre todo, gravando indiscriminadamente y con la misma alícuota consumos de renta y consumos de capital, nos vemos inducidos a concluir que esa explicación de los objetivos asignados a la imposición sobre el consumo en el ordenamiento actual, termina por aclarar de forma muy curiosa todos los sutiles razonamientos, las refinadas teorías y los complicados cálculos a los que nos abandonamos cuando se trata de discutir el mecanismo y las alícuotas de los impuestos sobre la renta.

Si nos fuese posible observar a un ama de casa afanarse en pesar con balanzas de científico las dosis de harina y azúcar a utilizar en un dulce, pero con el designio al propio tiempo de corregir y compensar los errores de esas científicas pesadas mediante la adición posterior a la cazuela de una mayor cantidad de azúcar y de harina medidas a «puño» o incluso vertidas a «ojo» del cucurucho, formularíamos un juicio extremadamente reservado sobre el equilibrio mental de la digna señora.

Pues bien, tal es exactamente la situación a la que nos resignamos con toda tranquilidad cuando calculamos, por un lado, la vertiginosa fórmula y =0,04186x *x* 0,239637 para la alícuota del impuesto complementario sobre la renta, y después aceptamos integrar y compensar los errores de la misma con una verdadera y propia «manada» de diversos impuestos de fabricación, de derechos y tasas sobre los billetes de los cinematógrafos, sobre los espectáculos, sobre el lujo, y así sucesivamente, absolutamente irreducibles a cualquier unidad de criterios, de principios y de alícuotas.

3. La verdad es que si una situación semejante no nos parece en su conjunto tan intolerablemente absurda como debería parecemos, y si desde hace al menos un siglo continuamos, por un lado, discurriendo sobre escalas de alícuotas más o menos uniformemente progresivas y sobre sacrificios proporcionales o proporcionalmente uniformes, sobre escalones y sobre mínimos, sobre rentas fundadas y no fundadas, sobre discriminaciones y clasificaciones a propósito de los impuestos sobre la renta, y por otro lado, nos resignamos a la basta y sin embargo prevalente imposición de los consumos, ello ocurre porque bajo la justificación oficial de los impuestos indirectos como sustitutivo y correctivo de los directos, se intuye la más profunda y verdadera función de la imposición sobre el consumo, que no es sustitutiva e interdependiente, sino *integradora e independiente* respecto a la de las rentas y los patrimonios.

Y sobre esta función distinta y peculiar no son necesarias ya muchas explicaciones, después de cuanto hemos venido señalando en los capítulos anteriores. Ya hemos visto (capítulo III) que en realidad la imposición de los consumos *no puede* sustituir a la imposición sobre las rentas, porque el consumo *individual* no puede servir como índice aceptable de la renta individualmente producida. Y, por otra parte, también hemos visto las razones según las cuales es justo y necesario que esos impuestos entre sí no sean el uno simple repetición del otro. Los servicios públicos no solamente actúan sobre las distintas economías individuales en forma de mayor y más fácil *producción,* o de más económica y segura *conservación,* sino también, y probablemente todavía más, en forma de *disfrute* más seguro e intenso de los bienes individuales. No es lo mismo, por ejemplo, gozar de un viaje en automóvil sobre carreteras buenas y seguras, bien mantenidas y vigiladas, entre gentes serenas y pacíficas y con la certeza de encontrar ayuda y justicia en caso de accidente, que viajar sobre pistas fangosas y mal señalizadas, con el peligro de vernos asaltados y robados, sin una defensa seria contra la eventualidad del accidente por culpa o temeridad ajena, descubriendo miserias y sufrimientos injustos peligrosamente ignorados o comprimidos por la organización social. Y lo que vale para el viaje vale también, naturalmente, para la casa, la comida, el vestido o el teatro; en una palabra, vale para el goce de todo aquello que socialmente se designa como «tenor de vida» y que económicamente se manifiesta en el consumo.

Si se acepta, pues, por hipótesis —en defecto de un análisis más preciso— que la carga imputable a esta función de potenciación de la utilidad del consumo individual no debe ser menor que la imputable a la función «reproductiva» y «conservativa», se explica y se justifica también que el producto de la imposición sobre los consumos deba, en correspondencia, igualar y superar al de la imposición sobre las rentas y sobre los patrimonios.

Ticio, que en un determinado período produce y consume una renta anual de 100, no debe pagar como Cayo, que en el mismo período produce 100, pero consume 20; ni como Sempronio, que produce 100 y consume 180. Ticio tiene que pagar *más* que Cayo y *menos* que Sempronio, toda vez que, en efecto, está interesado por 100 en los servicios de producción y además por 100 en la función «de disfrute» de los servicios públicos, mientras que los otros dos se interesan ciertamente como él en la función «reproductiva»; pero Cayo, además, lo está en bastante menor medida (20) y Sempronio en bastante mayor (180) en la función «de disfrute». O si se quiere, y refiriéndonos expresamente a los servicios que responden conjuntamente a ambas funciones, Ticio está interesado primero por 100 (en cuanto produce) y después también por 100 (en cuanto consume) en dichos servicios, mientras que Cayo y Sempronio están interesados, respectivamente, primero por 100 y después por 20, o primero por 100 y después por 180.

Por lo que se refiere al problema del reparto de las necesidades financieras y su imputación a la función «de disfrute» de los servicios públicos, nos remitimos sin más a cuanto ya dijimos en los capítulos anteriores.

4. Pero junto a lo que acabamos de mencionar como principio de la imposición sobre los consumos —es decir, el reparto de la carga de los servicios públicos en relación con su función de potenciación de la utilidad del consumo individual—, debe señalarse también una ulterior función subsidiaria. Es la de integrar la imposición sobre las rentas mediante el cómputo de las rentas percibidas *in natura* a través del disfrute directo de los llamados bienes *de consumo duradero* (como

automóviles, yates, cuadros, pianos, etc.), que no se haya tenido en cuenta en el sector de la imposición sobre la renta.

Quien cede a otro el uso de una vivienda, de un automóvil o de una embarcación deportiva, obtiene un precio que además de cubrir la amortización del capital deja por lo general un margen de renta, la cual corresponde al mayor valor del servicio en el que se transforma el activo dado en uso, consumiéndose gradualmente, en comparación con el valor de coste —pro cuota— del propio activo.

Pero esa misma renta puede percibirse también *in natura* cuando el propietario, en vez de arrendar su casa, su automóvil, su yate, prefiera consumirlos directamente, consumiendo en realidad junto al valor capital del activo ese mayor valor que el servicio disfrutado representa.

Entonces, si esa renta *in natura* no se ha tenido en cuenta directamente en el sector de la imposición sobre las rentas (como sucede en la práctica con los edificios y terrenos), será justo computarla en el ámbito de la imposición sobre el consumo. Es decir, se considerará que quien posee y consume, supongamos, una provisión de trigo almacenada en el granero o un tonel de vino conservado en la bodega, no hace otra cosa sino consumir y gozar de esa cierta cantidad de riqueza correspondiente al valor del trigo o del vino tomados de su provisión. Por el contrario, quien posee y consume directamente una embarcación de recreo, al final del año encuentra que tiene:

a) *Conservada* la riqueza correspondiente al valor capital de la embarcación.
b) *Consumida* la riqueza correspondiente a la diferencia de valor de la embarcación al principio y al final del año.
c) *Adquirida* una renta correspondiente a la diferencia entre el valor capital consumido según el anterior apartado *b)* y el valor del alquiler de la embarcación por el período de un año.
d) Consumida la renta mencionada en el anterior apartado *c).*

De donde se desprende que, como adición al impuesto por la simple conservación de riqueza *a)* y al impuesto por el consumo *b)* y *d),* el propietario de la embarcación, a diferencia del propietario del trigo y del vino, debe *algo más* de impuesto por la adquisición *c)* de renta, siempre que, como es natural, esa adquisición no se le haya computado en el ámbito de la imposición sobre la renta. Pero en la práctica no es fácil incluir en el mecanismo de imposición de las rentas la determinación de estás rentas particulares percibidas, a la vez que consumidas, *in natura,* salvo para algunas categorías peculiares de bienes como pueden ser las casas y los parques. En cuyo caso podrá pensarse en recuperar el impuesto sobre la renta no aplicado bajo la forma de un mayor impuesto sobre el consumo.

5. Pasando ahora a ocuparnos de la *estructura* jurídica de la imposición sobre los consumos, resulta claro de cuanto se ha dicho a propósito de la función cuál debe ser el hecho jurídico decisivo para la determinación de la contribución y cuáles deben ser el objeto y el momento de la imposición. El interés en la función «de disfrute» de los servicios públicos, en cuanto dirigidos a potenciar la utilidad del consumo individual haciéndolo más fácil, seguro y apetecible, está esencialmente en relación con el factor consumo: con *todo* el consumo individual, tanto si depende de la renta simultáneamente producida, como del patrimonio preexistente o de la intervención gratuita de terceros.

6. El momento decisivo debería ser igualmente el del consumo, es decir, el del goce efectivo con la correspondiente destrucción de la riqueza empleada en la satisfacción de una necesidad.

En cambio no es decisivo por sí mismo el momento de la *adquisición* de los bienes destinados al consumo, el cual resulta necesariamente anticipado, poco o mucho, con respecto al consumo efectivo. Por tanto, debería tenerse en cuenta esta anticipación —si la imposición se realiza en el momento de la adquisición—, particularmente en los casos de *bienes de consumo duradero* (automóviles, pieles, cuadros, tapices, etc.), cuyo consumo efectivo se reparte con frecuencia en un tiempo bastante largo. A igualdad de alícuota, la mayor onerosidad de la imposición anticipada al momento de la adquisición podría, empero, justificarse como una forma indirecta de recuperación del impuesto sobre la renta percibida *in natura* a través del disfrute directo de esos bienes: renta que, *grosso modo,* puede entenderse que corresponde al interés del capital gastado en la adquisición.

7. La elección del *mecanismo* de determinación y de imposición es un problema de técnica tributaria y de oportunidad práctica. En el plano teórico, no obstante, se debería preferir un mecanismo de determinación *directa* del consumo subjetivo global, oportunamente acoplado a la determinación de la renta y del patrimonio, en vez de la determinación indirecta objetivamente proyectada sobre determinadas categorías de gasto en el momento de la adquisición de los distintos bienes y servicios destinados a alimentar el consumo.

La razón de la preferencia teórica que debe atribuirse a la determinación directa individual ha de buscarse, en primer lugar, en la progresividad de la imposición sobre los consumos, que se concilia mal con un mecanismo de aplicación *solamente* indirecta en relación a distintas categorías de gasto, aun cuando convenientemente clasificadas y discriminadas como gastos-índices (y sobre las razones que amparan la progresividad de la imposición sobre el consumo, véase *infra,* capítulo IX).

En segundo lugar, la determinación directa y subjetiva permite referir la imposición al *consumo medio* de un período impositivo razonablemente amplio, y obtener de este modo esa estabilidad y uniformidad de la carga impositiva que adquiere particular importancia en una imposición progresiva, y que se justifica también dogmáticamente por la consideración del ciclo económico de los servicios públicos, ya desarrollada a propósito de la imposición sobre las rentas. El efecto de potenciar la utilidad del consumo individual, propio de la función «de disfrute» de los servicios públicos, se obtiene a través de la consolidación de la paz social, la seguridad pública, la elevación y difusión de la cultura, la mejora de la higiene, el desarrollo de las artes, el perfeccionamiento de la estructura turística, etc.; otros tantos efectos de la *persistencia* de una organización apropiada de servicios públicos durante un adecuado período de años.

Por tanto, no hay que comparar el consumo individual de *un* año con los gastos públicos de *ese año,* sino, por el contrario, el consumo individual medio de un período adecuado de años con el gasto de los servicios públicos de todo el período.

En la práctica debería disponerse de una imposición indirecta y analítica objetivamente aplicada sobre algunas categorías de consumos-índices, integrada por una imposición personal y progresiva sobre el consumo individual global (tenor de vida). En este caso la presunción que presidirá la elección de los consumos-índices que deben someterse a la imposición indirecta debería ser la correspondencia con un determinado tenor de vida global y, por tanto, con una determinada entidad de *consumo.* Presunción bastante más plausible y fecunda que la que en cambio querría atribuirse al gasto como índice de la *renta.*

8. La progresividad de la imposición sobre el tenor de vida reviste de particular importancia el problema del *sujeto* del impuesto. Al ser el consumo, por definición, un hecho del hombre, es obvio que el sujeto de la imposición no puede ser sino la persona *física.*

Pero el aspecto del problema que sobre todo debe discutirse es el relativo al reparto del consumo dentro del ámbito del grupo familiar.

Es característica del grupo familiar la comunidad en los consumos y en el tenor de vida, y no hay duda de que aunque solo fuese por razones prácticas convendrá acudir a la determinación del consumo global *del grupo e* imponer solidariamente la correspondiente deuda impositiva a cargo de todos los componentes del grupo.

Pero si se recuerda que el hecho decisivo para la imposición es el consumo como acto autónomo, por sí mismo considerado, con independencia del modo y del tiempo de la adquisición de la riqueza consumida, y sobre todo si se tiene presente que la justificación de la progresividad de la imposición reside por completo y solamente en la presunción de una utilidad marginal decreciente de los consumos privados al aumentar la entidad global del consumo individual, será fácil llegar a la conclusión de qué la medida del impuesto debido por el grupo familiar va referida precisamente a la cuota del consumo *individual* correspondiente a la distribución del consumo total del grupo entre todos los miembros que lo componen.

En palabras pobres, si un matrimonio consume al año, supongamos, 300.000 liras, deberá ser gravado con una carga tendencialmente referida al doble del impuesto correspondiente a un consumo individual de 160.000 liras, y por ello *menos* —por la progresividad de la alícuota— de lo que habría sido gravado un soltero sin cargas familiares que haya consumido por sí solo esas 300.000 liras.

Y la razón estriba en que el nivel del tenor de vida individual de los dos cónyuges que conjuntamente han consumido 300.000 liras, será menor, como es obvio, que el del soltero que por sí solo ha consumido la misma cifra, y por consiguiente será menor el porcentaje de excedente del consumidor que justifica y determina la correspondiente altura de la alícuota. De modo análogo deberá procederse en el caso de que convivan hijos u otros parientes a cargo de los cónyuges, dejando a salvo la corrección, en su caso, de las cuotas de reparto del consumo imputable a los niños y a los ancianos frente a los jóvenes y a los adultos. Naturalmente quedan así absorbidas las llamadas deducciones por cargas familiares, tan irracionales y burdas en su aplicación.

IX

EL PROBLEMA DE LA PROGRESIVIDAD

1. El principio del interés y el análisis funcional de los servicios públicos no permiten ciertamente decir algo nuevo sobre el problema de la progresividad —pues todo ha sido dicho en esta materia tan debatida—, sino quizá utilizar y ajustar en el plano jurídico las soluciones y argumentos opuestos de las distintas escuelas.

En efecto, ya hemos establecido el principio de que la cuota individual de contribución debe referirse a la cuota de interés individual (valorada según la apreciación de la conciencia económica-social común) en la prestación de los servicios públicos cuyo gasto debe repartirse.

Hemos comprobado, por tanto, que la cuota de interés individual, según la apreciación de la conciencia económico-social común, está en relación al menos con tres variables principales —renta, patrimonio y consumo—, en correspondencia con las tres funciones fundamentales —potenciación de la producción, tutela de la conservación y condicionamiento del consumo de los bienes individuales— que por separado o acumulativamente cumplen los servicios públicos. De donde deriva la oportunidad de discriminar las necesidades financieras globales al menos en tres capítulos correspondientes, a repartir entre los distintos contribuyentes en relación a la renta, al patrimonio y al consumo.

Llegados a este punto, la solución del problema de la proporcionalidad o progresividad del impuesto, formulado en el plano estrictamente jurídico —es decir, en cuanto una u otra alternativa se pretende valorar y elegir como exigencia de justicia y no como instrumento económico de «redistribución» o como expresión de dominio político—, depende exclusivamente de decidir:

a) Si el interés por una mayor *productividad* de la hacienda social varía en medida proporcional o progresiva al variar la cuantía de la renta individual..

b) Si el interés por una *conservación* de la riqueza más fácil y segura varía en medida proporcional o progresiva al variar la entidad del patrimonio.

c) Si el interés por un *disfrute* más seguro y provechoso de los bienes individuales varía en medida proporcional o progresiva al variar la cuantía del consumo individual.

2. Centremos entonces la discusión, ante todo, sobre la relación entre *renta* individual e interés en la función *reproductiva* de los servicios públicos.

Delimitado de este modo el problema, se impone de inmediato en la mente la solución proporcional, expresada en el enunciado de que cualquier fragmento de renta «nace gravado con la deuda impositiva, puesto que en su coste de producción figuran servicios públicos» (de Viti de Marco), dado que los servicios públicos han servido para condicionar y determinar la productividad del mecanismo económico colectivo en cuyo seno se ha producido esa renta.

El enunciado se remite al concepto de la unidad orgánica del proceso colectivo de producción. Concepto que ya está tan sólidamente arraigado en la conciencia económico-social, que más presenta un verdadero y propio «dato» de valoración jurídica que la tesis de un teorema económico. La sociedad económica se concibe sustancialmente como un organismo unitario de producción asociada de los bienes de la vida, en cuyo seno cooperan imprescindiblemente, fundiéndose e integrándose, todas las aportaciones individuales de trabajo, de riesgo y de ahorro, determinándose después, a través del mecanismo automático de los precios y los salarios, la renta individual, casi un «dividendo» sobre el resultado final del proceso colectivo de producción.

De aquí se desprende que mientras el *porcentaje relativo* del «dividendo» individual en relación al conjunto de la producción nacional depende esencialmente de la apreciación relativa de las distintas aportaciones de trabajo, de riesgo y de ahorro, comparadas y valoradas con mayor o menor justicia a través del mecanismo de los precios y de los salarios, la entidad *absoluta* de la renta individual depende esencialmente de la mayor o menor productividad del organismo económico colectivo. Y precisamente por esto se concluye que todo fragmento de renta individual nace naturalmente gravado con la correspondiente cuota del gasto soportado colectivamente para asegurar y mejorar el funcionamiento de ese organismo productor.

3. No parece dudoso que esta concepción, si bien se presta a las críticas de que ha sido objeto cuando se la quiere utilizar como la clave única de *toda* la teoría del impuesto, resulta irrefutable cuando se circunscribe su aplicación al ámbito de la sola función *reproductiva* de los servicios públicos.

En este ámbito significa, esencialmente, que si una paz social más segura, si una mayor agilidad de los negocios, si el progreso de las ciencias, y así sucesivamente, sirven para asegurar un mayor «resultado» de ese proceso unitario de producción asociada, cada copartícipe acabará por ver aumentada correspondientemente y de forma proporcional, la cuantía absoluta del «dividendo» obtenido de la distribución del producto incrementado.

Bien entendido que, junto a esta utilidad «indiferenciada» de la función «reproductiva» de los servicios públicos, podrá detectarse la presencia más o menos temporal y accidental de una ulterior utilidad «diferenciada», consistente en una desviación de las cuotas *relativas* de dividendos: bien sea por la aparición de «ventajas preferenciales» a favor de determinadas *categorías de contribuyentes* (por ejemplo, de los poseedores de establecimientos industriales, o de los ejercientes de determinadas profesiones, o de los agricultores, o de los armadores, y así sucesivamente) como consecuencia de uno u otro servicio peculiar, bien sea porque se deba reconocer en los distintos *tipos de renta* una diversa sensibilidad a las variaciones de productividad de la hacienda social, según la diferente medida en la que resulten compuestos por el elemento del interés, de beneficio o de salario (sobre lo cual, véase *supra,* capítulo VI).

Pero para compensar la posible cuota de «ventaja preferencial» de determinadas categorías de contribuyentes, deberá acudirse al sistema de las contribuciones especiales, de las tasas y de los impuestos especiales mientras que la desigualdad de «sensibilidad» de los elementos de salario, interés y beneficio será compensado a través de la discriminación.

En cambio, lo decisivo a efectos del problema de la proporcionalidad o progresividad del tributo, es que dentro del ámbito de cada categoría de contribuyentes y para cada tipo de renta, el interés individual en la utilidad indiferenciada propia de la función «reproductiva» de los servicios públicos no podrá presentarse a la conciencia económica-social común sino como *objetivamente* relacionado con la renta, con independencia de la titularidad subjetiva de los distintos activos y del estado de mayor o menor nivel de vida individual de cada contribuyente.

4. A partir de estas premisas no es difícil rebatir los argumentos que se aducen a favor de la progresividad del impuesto sobre la renta, todos ellos convergentes, por distintos caminos, en el principio de la utilidad marginal subjetiva decreciente de las distintas dosis de la renta individual, y en el consiguiente menor «sacrificio» que representaría para el rico en comparación con el pobre la renuncia a un mismo porcentaje de la renta global disponible.

Sin que resulte necesario extendemos aquí sobre la veracidad intrínseca y el valor real de estos argumentos —sobre los cuales, por lo demás, deberemos volver dentro de poco—, es un hecho que *siempre y cuando el razonamiento se limite únicamente, como aquí hacemos, al reparto de los gastos imputables a la función «reproductiva» de los servicios públicos,* dichos argumentos quedan anulados por la observación de que cualquier medida que quiera adoptarse para valorar el «sacrificio» de la reducción porcentual de la renta por efecto del impuesto, *esa misma medida debería también adoptarse para valorar el correspondiente interés en el porcentaje de incremento de la renta debido a los servicios públicos a los que se refiere el impuesto.*

5. Más todavía: la función «reproductiva» de cualquier servicio público, en tanto se concreta en una efectiva utilidad indiferenciada en cuanto el coste (o aquella parte del coste que se imputa a la función reproductiva) resulte *inferior* al incremento indiferenciado de renta que se alcanza por la generalidad de los contribuyentes. De donde se desprende que la reducción de la renta individual resultante del reparto del gasto, al contraponerse al *mayor* incremento de la renta individual por efecto de los servicios públicos, se resolverá, en definitiva, en un margen residual de incremento neto de la renta efectiva individual, en comparación con el que presumiblemente se habría conseguido si los servicios públicos (y el gasto correspondiente) no hubieran existido.

Mas he aquí entonces que la hipotizada sensibilidad subjetiva decreciente a las variaciones porcentuales de renta desde el más pobre al más rico, no debería conducir a otra conclusión que no fuese la comprobación de que adoptando el criterio proporcional en el reparto del gasto, la función «reproductiva» de los servicios públicos se resuelve al final en un *«beneficio»* decreciente al aumentar el estado de bienestar individual.

6. Los razonamientos anteriores están específicamente referidos, como hemos visto, a la función «reproductiva» de los servicios públicos. Análogas consideraciones valen también, sin embargo, a propósito del reparto de los gastos imputables a la función *conservativa,* en base al criterio fundamental del patrimonio individual.

También aquí el margen eventual de utilidad diferenciada inherente a posibles «ventajas preferenciales» a favor de determinadas categorías de contribuyentes, que más o menos resultasen temporalmente beneficiados de modo particular por la prestación de determinados servicios, debería ser neutralizado mediante la introducción de los oportunos coeficientes de corrección y, sobre todo, a través del sistema de las contribuciones e impuestos especiales. Pero fuera de estas discriminaciones eventuales de categorías, también aquí la posibilidad de una conservación más económica de la riqueza individual, que constituye la utilidad indiferenciada de la función «conservativa» de los servicios públicos, se repercute *objetivamente* sobre cada una de las porciones de riqueza, con independencia de la situación subjetiva del titular.

También aquí, en fin, cualquier medida decreciente que quisiera utilizarse para medir el sacrificio del impuesto pasando de los contribuyentes más pobres a los más ricos, debería utilizarse también para medir el interés correspondiente en la posibilidad de una conservación más económica de la riqueza individual, lo cual, en esencia, se concreta en un menor gasto de gestión (y en la mayor renta disponible consiguiente) de los distintos activos, o en el correspondiente mayor valor capital de los mismos.

En conclusión, pues: objetividad —que en la práctica significa proporcionalidad— de la imposición sobre la renta producida y objetividad de la imposición sobre el patrimonio. Esta es, en el plano jurídico, la solución que el jurista debe dar al problema de la progresividad, a tenor del principio fundamental del interés.

7. Pero veamos ahora qué ocurre cuando se considera el reparto en base al *consumo* individual de los gastos imputables a esa tercera función «de disfrute» de los servicios públicos, que es la última en la enumeración pero quizá la primera por importancia efectiva, y que se concreta en hacer más confortable, seguro y disfrutable el consumo de los bienes individuales.

Aquí ya no se trata para el contribuyente de renunciar a una *menor* cantidad de renta para estar en condición de incrementar la producción de una *mayor* cantidad, ni de soportar un *menor* gasto impositivo para ahorrarse un *mayor* gasto de conservación de la riqueza individual. Aquí se trata de renunciar a un consumo para hacer posible *otro* consumo (o si se quiere, para cualificar el consumo residual). Es decir, ya no se trata de un intercambio *cuantitativo entre un menos y un más, sino de una elección cualitativa* entre una cosa y otra, entre «un plato de menos y un poco más de luz», como dice el refrán.

8. Y he aquí que el elemento *subjetivo* ya no puede dejarse de fado, y se impone una observación muy simple, pero fundamental: la de que si un hombre, para su alimento cotidiano, ha de comer tres platos a oscuras, quizá esté dispuesto a renunciar a un plato para comer los otros dos en una mesa convenientemente iluminada, ¡pero no estaría dispuesto a hacer otro tanto quien para su alimento cotidiano se viera obligado a contentarse con un solo plato!

Mirando más al fondo de las cosas, comprendemos fácilmente que si por ventura el hombre del plato único se muestra dispuesto a renunciar, supongamos, a una cucharada de su sopa a cambio de un poco de luz, ese mismo hombre, si después del primer plato de sopa pudiese disponer de un segundo plato, estaría ciertamente dispuesto a renunciar a *más* de una cucharada —por hipótesis, dos— de ese segundo plato con tal de seguir disponiendo de una mesa iluminada, hasta que, al tercero o cuarto plato, preferiría probablemente tomar incluso una sola tacita de sopa permaneciendo todavía cómodamente sentado a la luz, en vez de ingerir en la oscuridad un enésimo plato entero de esa sopa de la cual ya está saciado.

Esto es, sustancialmente, lo que los economistas tratan de demostrar cuando hablan de «utilidad marginal decreciente de las sucesivas dosis de riqueza» y de «escala de intensidad». de las «necesidades».

Ahora bien, de ese simple y fundamental dato de la experiencia se desprende que, si comiendo juntos, el hombre del plato único y el de los dos platos deciden sacrificar en total tres cucharadas de sopa para procurarse una vela, no sería justo que el primero contribuyese con una cucharada y el segundo con dos (reparto proporcional), porque de este modo uno habría dado el máximo que está dispuesto a dar —y por tanto no habría obtenido del intercambio ninguna utilidad—, mientras que el segundo habría dado *menos* de lo que estaba dispuesto a dar (una cucharada, del primer plato y dos del segundo): de manera que, en definitiva, *toda la ganancia económica de la operación beneficiaría en exclusiva al segundo.*

En cambio, para que el margen de ganancia medido en utilidad se reparta —como es justo— en proporción a la cuota por la cual cada uno está interesado en el negocio, es necesario que el primero contribuya con tres cuartos de cucharada y el segundo con dos cucharadas y un cuarto. De este modo, uno habrá ganado en el negocio la utilidad correspondiente a un cuarto de cucharada (pagando tres cuartos en vez de cuatro cuartos que estaba dispuesto a pagar) y el segundo la utilidad correspondiente a tres cuartos de cucharada (pagando nueve cuartos en vez de doce cuartos que estaba dispuesto a pagar): ambos, pues, ganan un cuarto de la utilidad que medía el respectivo interés en el servicio de la luz (cuatro cuartos para uno y doce cuartos para el otro, respectivamente).

9. Podemos, sin más, salir del ejemplo y generalizar:

1. La necesidad —y la correspondiente utilidad— de gozar de los consumos propios en un ambiente de mayor seguridad física y jurídica, de mayor serenidad y armonía social, de nivel cultural e higiénico más elevado —y en una palabra, la necesidad correspondiente a la función «de disfrute» de los servicios públicos—, se aplica a cada una de las distintas fracciones del consumo individual.
2. Mas para cada fracción, el interés individual en los servicios públicos que satisfacen esa necesidad está medido por un número tanto mayor de unidades de valor[1], cuando mayor es la distancia

1 La unidad de medida de un interés individual no puede ser, como es obvio, sino un interés: precisamente el interés correspondiente a la satisfacción de ésa necesidad cualquiera

que separa en la escala de intensidad de las necesidades la contemplada en el anterior número 1) de la última y menos intensa necesidad que el individuo consigue satisfacer con las últimas dosis disponibles del gasto individual.

3. En consecuencia, la cuota individual de interés en la función «de disfrute» de los servicios públicos, resulta globalmente *más que proporcional* al consumo individual total.

   En otros términos: cuanto más se alarga la escala de las necesidades satisfechas, tanto más reducido queda el interés por los bienes que proveen a la satisfacción de la última necesidad, en relación con el interés por los bienes y servicios que proveen a la satisfacción de una necesidad determinada a intermedia, Por esta razón, tanto más «devaluada» resulta la unidad de dinero que puede gastarse como unidad de medida de ese interés intermedio. Lo cual significa precisamente que al aumentar el gasto y alargarse por ello la escala de las necesidades satisfechas, aumenta en medida más que proporcional la *medida monetaria* del interés por el goce pacífico y seguro de los bienes de la vida, en el que se concreta la utilidad «indiferenciada» inherente a la función «de disfrute» de los servicios públicos.

10. Queda la objeción del *no bridge:* es decir, de la imposibilidad de conocer, y conociéndolos de comparar, los «placeres», las «utilidades» y los «sacrificios» de distintos sujetos.

La objeción se supera si se observa que no se sale del ámbito del individuo ni se comparan entidades heterogéneas, cuando se enuncia el principio de que el interés de cualquier determinado individuo en la función «de disfrute» de los servicios públicos, aumenta en medida más que proporcional al aumentar el consumo global: de tal suerte que, si cuando el consumo global es 100, ese interés se supone equivalente al 10 por 100 de la utilidad correspondiente al consumo total, hay que suponerlo «10 + x» por 100 cuando, *para el mismo individuo,* el consumo global suba de 100 a 100 + N.

Todo este razonamiento, como se ve, sigue estando rigurosamente referido a un mismo sujeto.

En realidad, no se choca contra el obstáculo del *no bridge* cuando se afirma la justicia de la progresividad; sí, en cambio, cuando se acepta la de la *uniformidad* de la alícuota para todos los contribuyentes. Cuando se considera que, a igualdad de consumo y de cualquier otro posible coeficiente relevante, dos contribuyentes distintos deben pagar una alícuota igual, presumiéndose que es igual el interés por el servicio

---

que ese mismo individuo satisface con *la última unidad de valor destinada al consumo.*

público e igual sacrificio impositivo, entonces y solo entonces se salta el foso, sobre el que no hay puente, entre individuo e individuo.

Por tanto, es el principio mismo de la igualdad —máximo y pacífico principio de justicia— el que supera el *no bridge*. Pero es necesario decir que todo el Derecho, y no solo el Derecho tributario, descansa sobre el postulado primario e intangible de la homogeneidad e igualdad de los intereses —lo que quiere decir de las utilidades y de las necesidades— referidos a sujetos distintos, en igualdad de condiciones.

Si se debiese admitir que el acto de Ticio no es en modo alguno comparable al acto de Cayo por la única razón de que Ticio es Ticio y Cayo es Cayo, sería preciso entonces renunciar al concepto mismo de Derecho y de Justicia. Pero al propio tiempo sería necesario también renunciar a la ciencia y a cualquier conocimiento de la realidad objetiva —más aún, a la creencia en la existencia miasma de cualquier realidad objetiva—, como precisamente inducen a pensar esas filosofías que niegan el valor de cualquier experiencia, necesariamente fundada en una fungibilidad del yo, en cuanto postulado, para la valoración de la realidad objetiva.

11. En conclusión, si se quiere permanecer en el plano de la experiencia, del conocimiento, de la ciencia, de la justicia y del Derecho, no se puede discutir la legitimidad del postulado: a igual situación de hecho, igual interés, y por ello igual impuesto; llámese Ticio, Cayo o Sempronio el titular de esa situación. Después de lo cual el foso ya está superado y deja de preocupar que exista o no «bridge». Quedará por discutir cuáles deban ser los elementos de hecho relevantes a los efectos de asumir como «igual» la situación de dos individuos distintos desde el punto de vista del interés por esta o, aquella categoría de servicios públicos. Y se podrá demostrar que no solo es relevante la cuantía del consumo, sino también; por hipótesis, la edad o el estado de salud, o la condición de nacional o campesino, y así sucesivamente. Una vez alcanzada la demostración, se concluirá que el interés a esa cierta categoría de servicios públicos es función no solamente del consumo, sino también de aquellos otros coeficientes de hecho que se habrán determinado como relevantes. Pero todo esto ya no afecta a la legitimidad, sino, y solamente, a *la aproximación* de la comparación entre individuo e individuo. No es que no exista «puente», es decir, posibilidad absoluta —y por tanto legitimidad— de comparación: es que prácticamente el Derecho efectúa la comparación no tanto entre dos *realidades* de la situación de hecho de Ticio y Cayo, cuanto entre los dos *presupuestos de hecho* legales, que además son, como certeramente se ha dicho (Carnelutti), dos «esquemas» de las dos situaciones reales, en los cuales se encuentran reproducidos solamente aquellos trazos de la realidad que se consideran relevantes a los fines de la comparación. Y sobre la cantidad y la elección de los trazos a introducir en el

esquema —es decir, sobre la aproximación del presupuesto de hecho jurídico a la realidad de hecho—, se puede discutir y progresar casi sin límite. Pero este es el problema de cualquier enunciación jurídica y no aporta nada de peculiar al problema de la progresividad o proporcionalidad de la imposición sobre el consumo.

12. El cual queda resumido en su conjunto en estas tres proposiciones, todo lo aproximada que se quiera pero lógicamente irrebatibles:

1.ª El interés individual *en la función «de disfrute»*. de los servicios públicos va referido también —y principalmente— al consumo. De donde se desprende que *a igual consumo* —y a igualdad de los otros coeficientes que quieran introducirse en el cálculo en una segunda aproximación— *igual impuesto.*

2.ª Al aumentar el consumo —a igualdad de cualquier otro coeficiente—, aumenta más que proporcionalmente el interés en la función «de disfrute» de los servicios públicos medido en unidades monetarias. Y por ello: *a consumo creciente, impuesto progresivo.*

3.ª La progresión «justa» será aquella que consiga que resulte uniforme para todos la relación entre el sacrificio ocasionado por el impuesto y la ganancia individual de utilidad correspondiente a la diferencia entre la utilidad obtenida de la función «de disfrute» de los servicios públicos y la pérdida con el pago del impuesto.

Después de lo cual no se niega la gran dificultad —y quizá la imposibilidad práctica— de determinar con exactitud «científica», sea la totalidad de los coeficientes relevantes de los que, a igualdad de consumo, se puede hacer depender la justicia de una alícuota igual para sujetos distintos, sea la progresión justa para un mismo sujeto:

Pero así como la primera imposibilidad no justificaría que al no poder estar seguros de la absoluta justicia de igualar la situación de contribuyentes distintos, se renunciase sin más a cualquier imposición, o nos limitásemos al impuesto de capitación, así también, y exactamente, la segunda imposibilidad no justifica que nos quedemos en el impuesto proporcional solo porque no se consiga realizar la justicia absoluta de una determinada progresión.

13. Como resumen de las conclusiones alcanzadas en este capítulo, es necesario señalar que la discusión *en el plano jurídico* del problema de la progresividad lleva a considerar conformes al principio jurídico del interés:

- *la proporcionalidad* de la imposición sobre la *renta producida,* referida a la función «reproductiva» de los servicios públicos;
- la *proporcionalidad* de la imposición sobre el *patrimonio,* referida a la función «conservativa» de los servicios públicos;

– la *progresividad* de la imposición sobre el *consumo,* referida a la función «de disfrute» de los servicios públicos.

Los economistas examinarán cuáles pueden ser en el plano económico los efectos de un sistema semejante, que podría decirse un sistema de imposición *mixto,* y verán hasta qué punto puede servir para conciliar las características «productivas» del impuesto proporcional con las «igualadoras» del impuesto progresivo.

Es cierto que tal mecanismo jurídico, a través de la doble palanca: *a)* discriminación de la carga entre las tres funciones fundamentales de los distintos servicios públicos a las que corresponden las tres imposiciones concurrentes, y *b)* determinación de la escala de progresión de la imposición sobre el consumo, parece ofrecer a los técnicos y a los políticos posibilidades muy amplias de adaptación y de maniobra para alcanzar con la mayor aproximación que permita la situación contingente una justicia tributaria cada vez mejor.

X

EL PROBLEMA DEL «MÍNIMO IMPONIBLE»

1. La tendencia de los economistas a explicarlos fenómenos del impuesto bajo la especie de la «economicidad», les ha conducido a proponer como justificación principal y absorbente del instituto de un límite «mínimo» de renta, por debajo del cual el gravamen no debe aplicarse un argumento de *conveniencia* económica. Pretender que pague el impuesto quien tiene una, renta apenas suficiente para sobrevivir —se dice—, sería probablemente inicuo y, sin duda, políticamente inoportuno. Pero en todo caso, y sobre todo, serié *inútil y antieconómico,* habida cuenta de que, apenas incidido el mínimo vital necesario, el contribuyente caería en los brazos de la beneficencia pública, la cual, por tanto, debería restituir en forma de subsidios a cargo de la colectividad, lo que esta habría obtenido en forma de impuesto. Con el añadido de los inevitables gastos de una y otra operación, que quedarían como una pérdida neta a cargo de la propia colectividad.

La realidad es que el impuesto sobre las rentas se ha aplicado siempre a rentas absolutamente insuficientes incluso solo para sobrevivir, puesto que nadie podía sobrevivir, hasta el año 1927, con 400 liras anuales, ni con 2.000 liras entre los años 1929 y 1944. En cualquier caso, ese razonamiento no parece tener en cuenta el hecho de que la renta es, en realidad, solamente *una* de las fuentes de donde el particular obtiene los medios de sustento, de manera que millones de personas viven aún sin tener renta propia alguna, o con una renta inferior al mínimo imponible, sin que por ello estén en absoluto a cargo de la beneficencia pública.

De otro lado, el ahorro provee, en primer lugar, a completar la renta más o menos temporalmente deficiente. Pero, además, cuando también faltase el ahorro, la ley —y la ley moral antes todavía que la del Estado— ampara a quienes no pueden asegurarse por sí solos el sustento, de forma bien distinta a la que supone cargar sin más al Tesoro y a la beneficencia pública, son los padres, los hijos, los afines, los hermanos (por obligación legal) y en su defecto los parientes más próximos (por obligación moral y social) los que proveen a completar esa renta, al menos 99 veces sobre 100.

2. Por consiguiente, no existe en realidad esa razón de «conveniencia» qué pueda persuadir al Fisco a renunciar a la detracción del impuesto sobre rentas producidas por debajo del «mínimo» alimenticio. Pero es muy dudoso que falten también razones de justicia persuasivas, *siempre y cuando, como hacemos aquí, la imposición sobre la renta se postule referida a la sola función «reproductiva» de los servicios públicos.*

Piénsese en el estudiante que, debidamente mantenido por el «giro mensual de papá», recurre a la renta de alguna clase particular para ampliar el presupuesto de sus pequeños placeres. Piénsese en la hija de familia que contribuye al presupuesto familiar, o que, simplemente, provee a sus propios gastos superfluos mediante una renta propia, aunque sea pequeña; piénsese también en la «pariente pobre», que viviendo en casa del hermano o del yerno disfruta por su cuenta de una modesta pensión o de la renta de algún trabajo, Y preguntémonos si hay alguna razón de peso para considerar «justo» que así como asegurar la comida, el vestido y la casa a quien carece de renta suficiente para satisfacer estas necesidades por sí mismo, es tarea que recae sobre los padres, los hijos o los parientes y solo de modo subsidiario, y en una hipótesis extrema, sobre la colectividad, no deba suceder otro tanto también para los servicios públicos[1].

Queda el caso de quien, efectivamente, vive con su sola renta, por hipótesis inferior al mínimo, no teniendo para completarla ni ahorros ni derechos a alimentos frente a los parientes.

Pero ha de tenerse en cuenta que esta hipótesis, sobre la que inconscientemente se polariza la atención cuando se discute de mínimo imponible, ha de considerarse, en la realidad, de todo punto anormal y excepcional.

En segundo lugar, y sobre todo, esa hipótesis plantea no ya un problema de *renta mínima,* sino sobre todo el de un *consumo mínimo* individual —cualesquiera que sean las fuentes del mismo: rentas o ahorro, derecho a alimentos o donaciones—, por debajo del cual sea justo excluir al contribuyente del reparto de los gastos públicos.

---

1 Podría objetarse que las sumas gastadas para completar la insuficiente renta propia del alimentista, ya han descontado el impuesto como rentas del obligado a prestar alimentos. Sin embargo, aun dejando aparte que la imposición de este último no siempre tiene lugar a tenor del derecho positivo, la objeción no daría en el blanco. Porque aquí se trata de saber por qué no debe concurrir al reparto de los gastos públicos la renta *propia* del alimentista, incluso sí en este caso el obligado a prestar alimentos se verá después obligado a soportar una agravación de la carga alimenticia. Y es obvio que la circunstancia de que concurra al reparto aquella parte de la renta necesaria a la vida del alimentista que le viene de quien le alimenta, constituye más bien una confirmación de la falta de lógica que igualmente podría servir *a fortiori* para esa otra parte de la renta que el alimentista ha producido por sí mismo. Y quizá, precisamente, hayamos de encontrar en la intuición de esta incoherencia lógica las raíces profundas de las discusiones siempre recurrentes y de los extravíos jurisprudenciales en materia de alimentos.

3. Planteado así el problema, la solución del jurista no puede ser sino distinta, y motivada de diverso modo por lo que se refiere al reparto de los gastos imputables a la función «reproductiva» y de «conservación», y por lo que se refiere, en cambio, al reparto de los gastos imputables a la función «de disfrute» de los servicios públicos.

En orden a esta última —que específicamente conlleva, según justicia, el reparto adecuado al *consumo* individual—, debe señalarse qué el problema encuentra ya su solución más lógica y automática en las razones que se expusieron en el capítulo anterior en apoyo de la progresividad de la imposición sobre el consumo.

Puede decirse que el instituto del mínimo imponible, bastante más que por las mencionadas razones de «conveniencia», se ha impuesto sobre todo a la conciencia económico-social por la sensación de la injusticia en que se incurriría innegablemente si se obligase a sostener el gasto global de *todos* los servicios públicos según un reparto *proporcional* a la renta, a aquéllos cuya renta disponible es tan baja que la utilidad de las últimas dosis de consumo privado cubiertas con esa alícuota de renta que quedaría absorbida por el impuesto proporcional, resulte superior a la utilidad de los servicios públicos que les vienen impuestos y que, precisamente por esto, los rechazarían, si pudiesen, en esas condiciones.

Es la confirmación de lo que ya hemos expuesto en el capítulo anterior; por cada alícuota uniforme de impuesto proporcional, existe un cierto nivel de renta cuyo titular se encuentra en posición de equilibrio: entre la utilidad de los consumos privados a los que debe renunciar para pagar el impuesto y la utilidad «de disfrute» de los servicios públicos correspondientes al gasto cubierto con el mismo impuesto.

Por encima de esta posición de equilibrio comienza —permaneciendo invariable la proporcionalidad del impuesto— ese fenómeno de excedente creciente del contribuyente, que nos ha convencido de la mejor justicia de la imposición progresiva sobre el consumo.

Por debajo de esa misma posición, en cambio, se provocaría una pérdida injusta para el contribuyente, obligado a renunciar —en utilidad— a 10 para tener 8, o 5, o 2. Y la intuición de esta pérdida injusta es precisamente la que detiene la imposición proporcional de las rentas en el límite de un determinado mínimo, más allá del cual la pérdida resultaría demasiado evidente o demasiado grave.

Pero si la progresividad —y en consecuencia la regresividad— sustituye a la proporcionalidad de la imposición, desaparece la razón del instituto de un mínimo imponible. O mejor, el instituto del *mínimo imponible* queda sustituido por el del *mínimo del impuesto,* es decir, del mínimo más allá del cual la cuantía del impuesto pasaría a ser tan exigua que no cubriría los gastos de recaudación.

Por bajo que sea de hecho el consumo individual global, existe siempre la posibilidad teórica de igualar la utilidad de disfrute de los servicios públicos con la de una dosis de consumos privados, por mínima que sea esta.

4. Mas las consideraciones expuestas en el capítulo anterior nos han llevado a concluir que la progresividad debe limitarse a la imposición sobre el consumo y referida a la función *de disfrute* de los servicios públicos, permaneciendo, en cambio, invariable la proporcionalidad de la imposición sobre las rentas y los patrimonios, dirigidas, respectivamente, a cubrir el gasto imputable a la función «reproductiva» y de «conservación» de los servicios públicos.

Nos encontramos de nuevo, pues, respecto de estas dos imposiciones, frente al problema de si es justo condicionar el reparto a un mínimo de consumo individual. La respuesta negativa no deja lugar a dudas por cuanto se refiere a la imposición patrimonial. Por bajo que resulte el consumo individual del contribuyente, es obvio que no hay razón para que quede excluido, mientras continúe poseyendo y conservando un patrimonio propio, del reparto del coste de la función de «conservación» de los servicios públicos, que se traduce en un menor gasto de gestión y de conservación de ese patrimonio.

5. Pero igualmente negativa debería ser, en el plano rigurosamente jurídico, la solución del problema en lo que atañe a la imposición sobre la renta, siempre que esta quede referida exclusivamente —como debería, ser en justicia— a la utilidad indiferenciada inherente a la función *reproductiva* de los servicios públicos. Y, por tanto, dirigida en esencia a recuperar de las distintas economías individuales una parte de ese *aumento* de renta individual en el que se concreta precisamente la utilidad indiferenciada de la función reproductiva de los servicios públicos.

Está claro que aquí ya no se trata de una elección entre consumo y consumo y no admite hipótesis sobre posibles pérdidas de utilidad. Se trata simplemente de repartir de forma equitativa entre todos lo que es la utilidad neta de los servicios públicos, es decir, la diferencia neta entre el aumento de la renta producida y el correspondiente coste de producción. No hay razón para que quien se ha beneficiado del mecanismo colectivo de producción, aunque solo sea en una lira, no deba concurrir a pagar proporcionalmente lo que es el coste de ese beneficio.

Esta es, pues, la solución rigurosamente jurídica, que en conclusión conduce a la pura y simple sustitución del «mínimo imponible» por el «mínimo de impuesto».

6. Sin embargo, no se puede por menos de tener en cuenta la observación de que la existencia de un *consumo* individual inferior a un

determinado nivel mínimo, revela por lo general una situación económica patológica, a la que el Estado debería poner remedio, bien corrigiendo un posible defecto de funcionamiento del mecanismo de distribución (sistema de precios y salarios —derecho al trabajo—), bien mediante una oportuna «redistribución» *a posteriori.* Y entonces puede resultar impolítico —y en definitiva también injusto— que la colectividad pretenda lo poco que le sería debido a título de impuesto cuando ella misma está en mora para dar lo demás que debería en forma de una mejor tutela de la posición económica del contribuyente.

Esta consideración de una compensación, al menos parcial, es la que puede, justificar en la práctica la exención del impuesto proporcional sobre las rentas por debajo de un mínimo individual global. Exención que, no obstante, debería estar condicionada a la verificación de un *consumo mínimo,* además, naturalmente, de a la inexistencia de otras disponibilidades de riqueza.

XI

LA EFICIENCIA DEL MECANISMO TRIBUTARIO Y EL PROBLEMA DE LA LIQUIDACIÓN

1. La teoría jurídica de la contribución pública que hemos tratado de esbozar en los capítulos anteriores se resume en los siguientes puntos programáticos de una imposición «justa»;

a) Distinción neta entre *contribución pública* y *redistribución de la riqueza:* a realizarse esta última mediante institutos propios y adecuados, distintos del reparto ordinario de los gastos públicos (es decir, en términos *extraordinarios* a través de una ley de redistribución apropiada, y en términos *ordinarios* a través, esencialmente, de la legítima fiscal en las sucesiones y de un sistema apropiado de seguros sociales).

b) Planteamiento del sistema tributario sobre tres contribuciones paralelas y autónomas, determinadas respectivamente en su cuantía sobre la renta, el patrimonio y el consumo individual, y referidas, por lo que afecta a la incidencia relativa sobre la capacidad contributiva del contribuyente, a la discriminación de las funciones «reproductivas» de «conservación» y «de disfrute» de los servicios públicos.

c) *Contribución proporcional de los titulares de las rentas* – referidas a la función «reproductiva» de los servicios públicos— determinada sobre la resultante global de toda las *rentas y pérdidas, incrementos y disminuciones patrimoniales* que se realizan en la economía individual de cada contribuyente dentro de los límites de un razonable *período medio superior al año.*

d) Discriminación de las rentas por *descomposición* interna de cada renta particular en los factores del beneficio, del (puro) interés y del (puro) salario, con la correspondiente aplicación de alícuotas distintas en relación al diverso grado de sensibilidad a los incrementos de productividad de la hacienda social.

e) Detracción de la renta individual global de trabajo de una *cuota de integración individual,* suficiente para asegurar el mínimo de vida física del trabajador y para recuperar los gastos de manutención y educación profesional.

f) *Contribución proporcional de los propietarios,* determinada sobre el valor (de cambio) de todo el patrimonio neto individual *sin distinción de activos.*

g) Aumento de la importancia relativa —en comparación con el gravamen sobre los perceptores de rentas y los propietarios— de la *imposición directa de los consumidores,* mediante una *contribución incisivamente progresiva* determinada sobre el importe total del *consumo medio individual,* cualquiera que sea el origen de la riqueza consumida.

2. Llegados a este punto, el lector no espera ciertamente encontrar aquí destilado un «proyecto» concreto de reforma tributaria para la aplicación de esas orientaciones de principio. Las cuales apenas han sido esbozadas sumariamente con la intención, sobre todo, de plantear una discusión, que desearíamos lo más amplia y viva posible.

Y de otra parte, ya se ha dicho que, aun encontrada la solución todo lo perfecta que se quiera para una distribución «justa» de los gastos públicos, dicha solución apenas marcaría un límite de tendencia, al que la legislación debería después tratar de aproximarse de manera más o menos decidida, teniendo en cuenta además todas esas otras consideraciones de necesidad, de oportunidad y de contingencia, que inevitablemente deben concurrir para decidir y justificar la acción del hombre, y máxime del hombre de gobierno, al margen de la pura exigencia de justicia, y cuya valoración concreta debe dejarse a los políticos, si no se quiere incurrir en los peligros del doctrinarismo.

Corresponderá al sentido común de los políticos, a su propio interés, no olvidar, como a veces han hecho economistas y expertos, que el hombre, aun cuando sea todo lo *homo economicus* que se quiera, siente y sufre no solo el hambre y el frío, la inseguridad y la enfermedad, sino también, y *en un primer término,* la injusticia; de manera que sería un error imperdonable creer que la «máxima felicidad» de los gobernados se alcanza haciendo máximos los «placeres» y mínimos los «dolores», si entre los primeros no figura también precisamente el placer de la justicia y entre los segundos el dolor lacerante de la injusticia. En suma, si no se tiene en cuenta entre las necesidades del hombre esa necesidad prepotente, primordial y sagrada que es precisamente la *necesidad de justicia.*

3. Resta, en cambio, por considerar aquí, para ser fieles al programa enunciado desde las primeras páginas de estos apuntes, las posibilidades reales de eficiencia práctica de un mecanismo tributario inspirado en la aplicación de los principios del «impuesto justo».

Trasladada a este plano, la discusión reviste un interés particularmente actual: puesto que hay que decir que el consenso general en torno a la necesidad y a la urgencia de una reordenación radical se debe, precisamente y sobre todo, a la comprobada ineficacia del aparato tributario vigente, en especial por lo que atañe a la imposición directa.

Es un hecho que, mientras las funciones del Estado, y las consiguientes necesidades financieras, han aumentado muy por encima de cualquier previsión en el curso de los últimos cincuenta años, el mecanismo tributario todavía es sustancialmente el diseñado hace setenta y cinco años, cuando para financiar el grueso de los gastos públicos bastaba el producto de los tributos territoriales, y el impuesto mobiliario se establecía (con las mismas normas todavía hoy en vigor) como tributo temporal de carácter extraordinario.

No debemos asombrarnos si los resultados en eficiencia del sistema no difieren de los que obtendría un armador que se obstinase en hacer navegar un moderno buque de 50.000 toneladas con un mecanismo de propulsión a ruedas tipo 1870.

4. Los síntomas más evidentes del mal funcionamiento se manifiestan en la sensación, cada vez más acentuada, de haber perdido el control de la imposición directa, que además es la que lógicamente debería, a su vez, controlar el sentido y la trayectoria de todo el sistema tributario.

El mecanismo de la imposición directa no responde ya a las órdenes, y la aceleración progresiva de la carrera en el vacío de las alícuotas detrás de la evasión y de la evasión detrás de las alícuotas, ofrece la demostración más tangible de lo que decimos, Pero quien esté un poco familiarizado con la aplicación práctica de los tributos, se percata fácilmente de que en la raíz del mal se encuentra esencialmente la extrema dificultad, por no decir la imposibilidad, de determinar con una aproximación aceptable frente a la generalidad de los contribuyentes la *renta* anual de sus activos mobiliarios e inmobiliarios.

En efecto, el sistema actual de la imposición directa se apoya casi exclusivamente sobre la renta; pero de las tres variables fundamentales —renta, patrimonio y consumo—, la renta quizá es precisamente la más escurridiza y difícilmente controlable.

Para empezar, la renta es ya por sí misma un concepto de contornos no siempre identificadles con claridad (no es una casualidad que más de la tercera parte de las cuestiones que desde hace setenta años preocupan a la jurisprudencia en materia de impuestos directos, se refieren precisamente a la interpretación y aplicación exacta del concepto fiscal de renta), y en la práctica resulta de tan difícil valoración —sobre todo cuando se la quiere encerrar en el rígido y demasiado breve período impositivo anual— que los mismos perceptores no sabrían muchas veces, aunque quisieran, estimar con precisión la efectiva entidad de la misma.

Es una verdad ya reconocida que la renta anual de una empresa, sea industrial, comercial, agrícola o profesional, ha de considerarse poco más que una mera ficción con finalidades contables, y en todo caso es esencialmente el resultado de una *previsión* siempre más o menos subjetiva sobre la trayectoria probable del ciclo empresarial proyectado en el futuro durante un período que tiende a alargarse en el tiempo al progresar la técnica de producción.

Además, y sobre todo, la renta es siempre y necesariamente un *hecho del pasado* en el momento de su determinación tributaria: y por esto nunca puede ser comprobada directamente, sino solo históricamente y reconstruida de forma más o menos inductiva.

Para poder controlar seriamente lo que el contribuyente *ganó* en el pasado año o en los dos últimos años, la oficina financiera debería estar en condiciones de reconstruir retroactivamente todo lo que en realidad *ha hecho* el contribuyente (trabajos, inversiones, ingresos, gastos, etc.) en ese año o en el bienio, y además en condiciones de *valorar* a tres o cuatro años de distancia los resultados económicos que ha obtenido, teniendo en cuenta el consumo de las instalaciones, riesgos asumidos, los productos almacenados o utilizados *in natura,* etc.

Pero todo esto; que debería multiplicarse por millones y millones de contribuyentes, está tan lejos de los medios y de las posibilidades reales de las oficinas financieras, que resulta casi sorprendente que la evasión no sea todavía mayor que la existente, Y tanto más si se tiene en cuenta que incluso el arma de la comparación de las declaraciones y de las rentas establecidas dentro del ámbito de las distintas categorías de contribuyentes —que podría ser el único medio de control susceptible de aplicación extensiva—, pierde su eficacia frente a la *convergencia y solidaridad de interés de los contribuyentes,* puesto que el mecanismo tributario está organizado actualmente de modo tal que todos los contribuyentes se encuentran automática e inevitablemente de acuerdo, sin necesidad de pactos y sin posibilidad de conflictos, en minimizar la materia imponible.

5. La impotencia de las oficinas para descubrir y controlar la materia imponible de un modo lo suficientemente general, desemboca en un cierto momento, bajo la presión de las necesidades financieras, en el aumento de las alícuotas y en la multiplicación de los tributos accesorios más o menos directamente determinados en su cuantía sobre los mismos imponibles. Pero con esto resulta multiplicada la *injusticia del sistema.* Y la injusticia se convierte a su vez en un impulso decisivo hacia una evasión todavía más acentuada, proporcionando a los evasores la justificación moral de su comportamiento antisocial, y

frenando, de otra parte, la acción de las propias oficinas en el mismo momento en que, por el aumento de las cargas, la evasión adquiere una importancia vital para el contribuyente.

Se llega así a la intolerable situación en la que nos encontramos, en cuya virtud; de un lado, millones de contribuyentes al margen de la ley se hallan bajo la amenaza del Fisco, sabiendo perfectamente que una aplicación rigurosa de las normas tributarias frente a ellos podría resultar ruinosa, mientras que, de otro lado, las oficinas financieras, ante la imposibilidad absoluta de llevar a cabo esa aplicación rigurosa de la ley fiscal si no es limitándola a una ínfima minoría de contribuyentes, sienten que su poder se agota en la peligrosa y odiosa facultad discrecional de elegir una posible víctima, sobre la cual concentrar los escasos medios de investigación y de este modo arruinar *injustamente,* aunque con arreglo a la ley, a uno u otro contribuyente, sin atender de manera correspondiente a la necesidad de la colectividad. Es la situación en la cual resulta casi imposible que no prenda la mala hierba de la corrupción. Y la corrupción es por sí misma un mal y un peligro social tan grande que bastaría la necesidad de eliminar o reducir las causas de la misma para justificar una reforma radical del sistema vigente, incluso con independencia de cualquier otra consideración.

Pero es necesario decir que, aun si no existiese corrupción, ya serían suficientes para excluir cualquier esperanza de funcionamiento eficaz de la imposición directa —en la situación descrita hace un momento— el vivo horror a la injusticia innato en nuestro pueblo y su innata capacidad para eludir incluso las leyes más rigurosamente concebidas, pero no aceptadas por la conciencia social.

6. Sin duda, esa situación podría mejorarse de algún modo con remedios coyunturales. Y el remedio más eficaz de inmediato sería probablemente la disminución instantánea de los tipos de gravamen, acompañada por una correspondiente e instantánea multiplicación de los imponibles presuntos y los mínimos exentos. Pero conviene no hacerse ilusiones: aparte de que tal remedio valdría poco para llevar al ámbito del impuesto a los evasores totales que el Fisco no conoce, el respiro que se obtendría sería quizá sensible, pero limitado en el tiempo. A la larga, el círculo vicioso: evasión, aumento de los tipos de gravamen —agravación de la injusticia tributaria—, aumento ulterior de la evasión, está destinado a reproducirse fatalmente. Para romperlo es necesario eliminar la causa primera del mismo, que es la imposibilidad ya señalada de obtener una determinación de la *renta* individual suficientemente general y automática, es decir, desvinculada del mero arbitrio discrecional de las oficinas liquidadoras.

7. Es ahora el momento de comprobar que los principios del «impuesto justo» parecen ofrecer en este sentido la posibilidad de una solución seria. Esos principios, en efecto, permiten que el sistema actual,

basado esencialmente sobre la *renta,* sea sustituido por un sistema fundado, en cambio, *sobre el control periódico del patrimonio y* potenciado por la posibilidad de utilizar eficazmente el *conflicto de intereses* entre las diversas categorías y grupos de contribuyente.

Imagínese, así, un sistema tributario planteado a la vez —de acuerdo con las orientaciones de principio examinadas en los capítulos anteriores— sobre:

a) una imposición anual y proporcional sobre el *patrimonio;*

b) una imposición anual sobre la renta individual, con alícuota proporcional y lo más moderada posible;

c) una imposición anual del *consumo* individual global, con alícuotas realmente progresivas;

d) una imposición periódica sobre los incrementos de patrimonio.

Cada contribuyente que haya realizado un consumo individual, tanto si está alimentado por rentas o por ahorros propios o ajenos, superior a ese mínimo al que corresponde el mínimo de impuesto (cfr. capítulo X), deberá presentar cada año en una *sola* oficina una declaración *única,* en la cual se especificarán:

1. el consumo anual (sea consumo de renta o de capital);
2. las rentas percibidas en dinero o *in natura* durante el año;
3. las variaciones patrimoniales ocurridas durante el año (adquisiciones y enajenaciones, accesiones o aumentos de deudas o créditos).

Cada X años, supongamos cada decenio, se procederá, después, a la comparación de la situación patrimonial con la del decenio anterior, y el incremento individual que no resulte justificado por las rentas y los consumos declarados en el decenio, se gravará como incremento no ganado o fruto de evasión, con alícuotas particularmente elevadas.

Con semejante mecanismo, el contribuyente, frente al interés por ocultar anualmente la renta que no aparece a través del consumo (renta ahorrada), tendría a su vez el interés contrario de evitar que la renta ocultada hoy y sustraída a una imposición proporcional que puede suponerse relativamente moderada, se considere mañana, y gravada en mucha mayor medida, como incremento patrimonial en la primera «barrera» decenal.

En efecto, una cosa es que se consiga sustraer al Fisco por una vez una parte de la propia renta y otra distinta conservarla permanentemente oculta si no se quiere renunciar para siempre a utilizarla en inversiones rentables o consumirla a la luz del día.

8. Todavía hay más: en cada transmisión de bienes, mientras por razones análogas resultará al menos atenuado el interés del vendedor

en ocultar una parte del precio, el comprador, por el contrario, tendrá un interés bien preciso e intenso en *no* consignar un precio inferior al real, toda vez que actuando así asumiría un incremento patrimonial latente —correspondiente a la diferencia entre el valor efectivo del bien adquirido y el precio declarado— sobre el cual, en la próxima «barrera» decenal, debería soportar una fuerte imposición. Y por el mismo motivo resultaría difícil y peligrosa la intitulación de bienes a nombre de testaferros, la asunción de deudas ficticias y, en fin, cualquier desviación artificiosa de riqueza, que, de otra parte, resultarían también menos «interesantes» a efectos inmediatos debido a la proporcionalidad del impuesto patrimonial.

9. Al mismo tiempo se debería arrinconar de una vez el complicado, costoso, pero sobre todo irracional impuesto de registro sobre las transmisiones, y *favorecer, en cambio, por todos los medios posibles, la práctica del registro gratuito o semigratuito de todos los actos y contratos.*

La política irracional de una fuerte imposición sobre los actos traslativos de la riqueza entre vivos, ha hecho intolerablemente incierto el Derecho; ha difundido e impuesto sin más la falsedad en documento público, hasta convertirla en una costumbre indiscutible de los contratantes y tradición absoluta de cualquier despacho notarial, por respetable que sea; ha hecho del proceso civil una maraña inextricable de chantajes fiscales, de testimonios amañados, de maniobras y de expedientes que los propios magistrados acaban encontrándose obligados a aceptar; ha contribuido decisivamente a sustituir al juez togado por el árbitro amigable componedor, amenazando con socavar la solidez del ordenamiento jurídico y el sentido mismo del Derecho; y finalmente —lo cual afecta de manera particular a nuestro razonamiento— ha minado y esterilizado la que podría y debería ser la fuente primera y principal de información de la Hacienda, generando en los contribuyentes una inclinación poderosa y por añadidura *solidaria* a *no* registrar sus contratos o a falsear los resultados de los mismos.

10. En fin, la discriminación de las rentas por descomposición interna en los tres factores del interés, el beneficio y el salario, según lo que expusimos en el capítulo VIII, haría que resultase fácil generar un ulterior contra interés del contribuyente en sentido opuesto a la subvaloración de los activos patrimoniales. Bastaría al efecto disminuir la alícuota de imposición de la cuota de interés por debajo de la del beneficio (lo cual, de otra parte, también es conforme a la teoría probablemente más fundada, como ya vimos en su momento). A la subvaloración del activo seguiría entonces automáticamente, permaneciendo invariable la renta global, una subvaloración del factor interés en comparación con el beneficio, y por tanto una agravación de la imposición global sobre la renta.

11. En conclusión, aparejada la imposición periódica de los incrementos patrimoniales con una política de registro semigratuito para los actos de transmisión, y con un manejo oportuno de alícuotas, no debería resultar difícil llegar en poco tiempo a una determinación lo suficientemente exacta de la realidad patrimonial de los contribuyentes. Máxime, además, si se pudiera disponer de una sólida base de partida constituida por una determinación inicial excepcionalmente rigurosa de la riqueza nacional (qué comprendiese el control mediante estampillado o la sustitución de los billetes de banco, y la declaración y el control de los depósitos y cuentas bancarias).

Pero una buena determinación permanente de los patrimonios de los distintos contribuyentes, también constituye una verdadera y propia *red trigonométrica* de importancia decisiva para la determinación de la renta: sobre todo cuando esta última vaya unida a la determinación *directa* del consumo individual, el cual, a su vez, constituye un elemento susceptible de control bastante más fácil y eficaz que la renta.

Una cosa es, en efecto, ocultar o negar la ganancia que se gesta en el mundo secreto de los negocios, y otra cosa distinta ocultar o negar el nivel de vida que necesariamente se lleva ante los ojos de todos.

Resulta muy claro, por lo demás, que patrimonio, renta y consumo están unidos por una rigurosa ecuación en virtud de la cual, conocidos dos términos, queda determinado automáticamente el tercero. Lo cual significa que, a través del control del patrimonio y del consumo, la Hacienda pública puede determinar y controlar la renta, o recíprocamente. En la práctica, por tanto, se trataría de organizar, junto al control patrimonial periódico, una recogida racional y sistemática de índices de consumo (composición familiar, valor en renta de la vivienda, posición social y profesional, automóviles, servicio doméstico, etc.), con el fin de que la Administración tributaría pudiera disponer de elementos suficientes para demostrar y seguir la posición fiscal total de los distintos contribuyentes, con una eficacia incomparablemente mayor que la de cualquier verificación policial.

12. Adviértase que el sistema hipotizado a tenor de los resultados de las investigaciones teóricas, no comportaría para el contribuyente más novedades sustanciales que la de la imposición periódica de los incrementos patrimoniales y de la imposición *directa* del consumo individual global.

Ahora bien, la imposición de los incrementos de patrimonio, una vez establecida con referencia a todo el patrimonio individual y a un período adecuado de compensación en sentido «longitudinal» y «lateral», no dejaría de ser objeto de una aceptación muy generalizada.

En cuanto a la imposición directa del consumo individual, además de corresponder a las razones de justicia que ya hemos expuesto ampliamente, realizaría un antiguo deseo de los economistas, permitiendo discriminar y fomentar el ahorro, así como favorecer la producción. Un deseo que podía parecer irrealizable a Mill cuando todavía no se hablaba de impuesto complementario ni de impuesto ordinario sobre el patrimonio, pero que, combinado hoy en día con la determinación de la renta global y del patrimonio individual global, resulta no solo perfectamente realizable, sino también —por las razones señaladas— conveniente en la práctica.

Y tanto más si se tiene en cuenta que a las antiguas razones del fomento y apoyo a la producción y al ahorro, se añade el nuevo motivo de conciliar las diversas tendencias que oponen a los sostenedores de la proporcionalidad con los de la progresividad del impuesto. Pero sobre estos aspectos propiamente económicos o políticos del sistema, la palabra la tienen los economistas y políticos.

13. Queda la preocupación por el mayor gasto que llevaría consigo la organización de la recogida centralizada y sistemática de los datos para la determinación única del patrimonio, de la renta y del consumo individual.

Pero ha de tenerse en cuenta que la necesidad de una organización semejante ya existe como consecuencia del impuesto complementario y del ordinario sobre el patrimonio. Efectivamente, el registro tributario hace ya tiempo que ha sido anunciado y se está elaborando.

Se trata simplemente de saber si se quiere o no «actuar seriamente», y actuar seriamente significa no limitarse a expresar en circunstancias altisonantes la «absoluta confianza en que las oficinas responderán a las nuevas funciones con el celo y el espíritu de sacrificio que siempre han demostrado, etc., etc.», sino disponer los medios técnicos adecuados a las nuevas funciones, que las necesidades imponen no menos que la justicia.

De otra parte, el mayor gasto que estos medios llevan consigo no debería preocupar bajo el aspecto propiamente *financiero* —es decir, considerado en el seno del presupuesto del Estado—, porque al mayor gasto de la liquidación no tardaría en corresponder un producto recaudatorio considerablemente más elevado. Cuanto más aumentaran las necesidades financieras, tanto más resulta inevitable y financieramente «productivo» un aumento de los gastos liquidatorios.

14. Pero tampoco sería exacto desde un punto de vista *económico* considerar «improductivo» el mayor gasto necesario para un reparto más controlado y justo de las necesidades financieras; precisamente porque, como recordábamos hace un momento, la justicia constituye

en sí misma *una necesidad,* y una de las mayores y más prepotentes necesidades del hombre.

Por otra parte, nadie considera censurables o injustificados los gastos de la administración de justicia que el Estado afronta precisamente para satisfacer esa necesidad en las relaciones entre particulares y en la realización de los gastos. Pero si se piensa que la justicia del reparto de los gastos públicos afecta a un número de interesados mucho mayor y a unos intereses de mucha mayor entidad, y se comprueba, además, que el gasto que actualmente pesa sobre el Estado para la administración pura y simple de la justicia civil y penal (excluidos los gastos de la administración penitenciaria) *es más de veinte veces* superior al gasto destinado a la liquidación de los impuestos directos y a la justicia tributaria, deberá concluirse que todavía queda mucho camino por andar hacia una mejor, aunque sea más cara, justicia tributaria, antes de que pueda plantearse la duda de generar un gasto realmente «improductivo».

Y de otro lado, a quien se destine ante la necesidad de potenciar decisivamente el mecanismo liquidatorio y aumentar los «atavíos fiscales» del país, no le queda abierta otra vía sino la de resignarse a concentrar esencialmente la detracción tributaria sobre la imposición *indirecta* de los consumos. Pero esta solución no parece que pueda configurarse seriamente como definitiva, y no solo porque significaría renunciar a la racionalidad y justicia del reparto de los gastos públicos —renuncia intolerable al nivel alcanzado por las necesidades financieras del estado moderno—, sino también porque la imposición indirecta está destinada a encontrar un límite bastante rígido de operatividad en la antieconomicidad de los monopolios estatales y en la imposibilidad de contener la evasión y la constitución de un mercado clandestino, apenas la incidencia de la imposición supere un máximo bien delimitado y próximo.

El impuesto justo dirigido por Luigi Vittorio Berliri se imprimió en la República Argentina en agosto de 2023.

www.ingramcontent.com/pod-product-compliance
Lightning Source LLC
LaVergne TN
LVHW082238051026
849532LV00012B/4031

* 9 7 8 9 5 6 4 0 7 3 8 4 2 *